BEMVINDO SEQUEIRA

MEMÓRIAS DE UM BRASILEIRO

VOLUME I

DCM
DIÁRIO DO CENTRO DO MUNDO

KOTTER
EDITORIAL

Coordenação editorial: Sálvio Nienkötter
Editor-executivo: Francieli Cunico
Editores-assistentes: Daniel Osiecki
Capa: Jussara Salazar
Design editorial: Carlos Garcia Fernandes
Produção: Cristiane Nienkötter

Dados Internacionais de Catalogação na Publicação (CIP)
Angelica Ilacqua CRB-8/7057

Sequeira, Bemvindo, 1947-
Memórias de um brasileiro : volume I / Bemvindo Sequeira. -- Curitiba : Kotter Editorial, 2021.
176 p. : il.

ISBN 978-65-89624-88-2

1. Atores - Brasil - Biografia 2. Sequeira, Bemvindo, 1947- Biografia I. Título

CDD 927.92

21-4254

KOTTER EDITORIAL

Kotter Editorial Ltda.
Rua das Cerejeiras, 194
CEP: 82700-510 - Curitiba - PR
Tel. + 55(41) 3585-5161
www.kotter.com.br | contato@kotter.com.br

Feito o depósito legal
1ª Edição
2021

BEMVINDO SEQUEIRA

MEMÓRIAS DE UM BRASILEIRO

VOLUME I

SUMÁRIO

Primórdios de uma fuga

Começo este livro pela minha fuga para a Bahia, um grande divisor na minha vida. Foi em 1970. Eu havia me envolvido com política desde 63 e com a luta armada desde 68, depois de ter rompido com o Partidão, logo após o Sexto Congresso, ao qual eu havia me integrado em 66.

Com o golpe militar de 64, nós fomos perdendo contato com o primeiro partido ao qual nossa base de jovens foi filiada, na Ilha do Governador, o PC do B. Em 65 nos afastamos por completo dele, quem nos dava assistência desapareceu. Ficamos sem eira nem beira, sem ligação nenhuma: éramos 18 jovens idealistas e muito dispostos, mas sem qualquer orientação.

Foi quando descobrimos que havia uma célula do PCB na Ilha do Governador. Era comunista também, então pedimos ingresso, em 65. Um ano depois, veio a convocação do Sexto Congresso do Partido Comunista. Na nossa base discutimos o evento, e nos posicionamos pela luta armada, portanto contra a coexistência pacífica, que era o que a União Soviética pregava à época.

Assim, na Conferência Distrital da Leopoldina, feita na clandestinidade, ante a presença de 19 bases, rompemos com o Partido Comunista. Criamos a Dissidência da Guanabara.

O clima para realizar a Conferência Distrital era tenso. As 19 células do Partido Comunista se encaminharam para o ramal ferroviário da Leopoldina, no Rio de Janeiro. O Congresso foi feito em um sítio de Nova Iguaçu, que até hoje não sei bem onde fica.

Sei que me encontrei com um camarada na porta da igreja de Nova Iguaçu. Ele me mandou entrar num veículo, vendou meus olhos, disse-me para abaixar a cabeça e dirigiu por um certo tempo. Estradas de barro, solavancos. Até que me levou, ainda com os olhos vendados, para uma casa no sítio. Vários companheiros já estavam lá. Não sei aonde fui, nem sei mais exatamente o que foi que aconteceu.

Lá dentro ficamos três dias em conferência, em discussão. 19 bases, pelo menos 30 pessoas dentro da casa. Ah, e as tias, as velhas tias revolucionárias do partido cozinhando macarrão, sopa.

Os conchavos se estendiam madrugada adentro. Foram três dias sem dormir. Todo mundo conchavando, cada um dizendo que posição tinha, que posição não tinha. Havia companheiros armados, fazendo a vigilância do sítio.

A gente era jovem, estava envolvido na luta contra a ditadura. Então, se caísse nas mãos deles, seria terrível. Mas corremos esse risco, fizemos a conferência. Quase rolou pancadaria entre as duas correntes, a que queria permanecer no PCB e a que queria romper com o Partidão. A posição nossa, que levei da minha célula, foi a de rompimento.

Foram três dias terríveis. Saí de lá também de olhos vendados, me largaram de novo na porta da Igreja de Nova Iguaçu. Voltei pra casa com a orientação do rompimento com o PCB.

Acabamos formando juntos uma coisa chamada Corrente Revolucionária, comandada pelo Jover Teles, que mais tarde se revelou um traidor. Foi responsável pela morte de companheiros, dos camaradas que perdemos na Chacina da Lapa, em São Paulo. Mas isso aconteceu bem mais tarde, mais de dez anos depois. Naquela época Jover teve uma reunião conosco e propôs a fundação do PCBR - Partido Comunista Brasileiro Revolucionário.

Como Secretário da Base eu disse a ele que nós não havíamos rompido com o Partido Comunista Brasileiro para criar outro partido comunista.

Disse-lhe que queríamos a luta armada, a luta de guerrilhas. E assim ficamos independentes.

Bem, havia a POLOP - Organização Revolucionária Marxista Política Operária, uma corrente que já em 1961 havia surgido de uma dissidência do PCB. Foi da POLOP que surgiram o Comando de Libertação Nacional (COLINA), a Vanguarda Popular Revolucionária (VPR), o Partido Operário Comunista (POC), a Vanguarda Armada Revolucionária Palmares (VAR-Palmares) entre muitas outras. Era um tempo de difíceis acomodações.

Imediatamente nos juntamos à POLOP, que nesse momento estava formando o POC – Partido Operário Comunista.

Fui a Porto Alegre, junto com outro companheiro, para ver as bases da dissidência da cidade gaúcha, que também havia rompido com o partido e estava formando o POC lá, com as Bases Operárias de Canoas-RS.

Ao voltarmos ao Rio de Janeiro começamos a trabalhar para formar o POC. Mas aí o dirigente máximo do POC, um argentino que eu só conhecia pelo nome de guerra, caiu. Ato contínuo a direção da POLOP caiu toda. Assim, mais uma vez perdemos o contato.

Como estávamos empenhados na luta armada e, a esta altura, eu já controlava diversas bases de jovens da região da Leopoldina, além de bases operárias metalúrgicas e de bairro de lá, havia umas oito ou dez bases às quais dava assistência. Tínhamos um bloco de dissidência que era interessante para qualquer organização, e foi por isso que a POLOP nos propôs entrarmos no POC.

Bem, perdemos o contato devido à captura dos líderes por parte dos militares. Assim, continuávamos rompidos com o Partido Comunista, e buscando a luta armada.

Em 68 a gente se ligou diretamente à VPR, do La Marca. Não chegamos a fazer nenhuma ação armada: a gente dava apoio legal aos companheiros clandestinos da VPR.

De 68 a 70 foi uma catástrofe. Assassinatos em massa, prisões, torturas. Não havia mais condições de controlar nem de manter as bases daquela organização gigantesca na região da Leopoldina.

Nessa época eu estava com 21, 22 anos de idade. Veja-se por aí o quanto era amadora, primária a nossa luta política. Oito, dez bases numa região suburbana do Rio, região operária, proletária, e eu dando assistência política. Até que em 1970 estava todo mundo ou preso, ou torturado, ou assassinado. Sobrou a mim. Foi neste contexto que empreendi a fuga pra Bahia.

Pouca gente sabe como funcionavam exatamente as reuniões na clandestinidade. A gente tinha muitos códigos. Se eu queria fazer uma reunião na minha casa e suspeitava-se que ela estava sendo vigiada, colocava uma toalha na janela: sinal de que ninguém deveria entrar. Se não houvesse toalha ali, a entrada para a reunião se dava a cada meia hora. Numa reunião marcada para as 14 horas que contaria com 8 pessoas, começava a chegar gente às 10 da manhã. O próximo vinha às 10 horas e 30 e assim por diante – para não chamar a atenção da vizinhança.

Foi um trabalho de formiguinha, uma luta muito bonita, muito grande contra a ditadura. Um exercício de paciência.

Sempre brinco, dizendo que os comunistas ricos iam se exilar em Londres, Paris, Santiago. Eu, como era pobre, me exilei na Bahia. Pedi asilo num ônibus da Itapemirim que ia passando, cheguei à Bahia, descobri aquela terra maravilhosa. Ali fiquei por 15 anos. Hoje tenho o título de cidadão soteropolitano, pelos serviços políticos prestados a Salvador. Mas nem tudo foram flores, como se verá.

Em 1970, como já disse, a maioria dos meus amigos estavam ou mortos ou presos e torturados. Me condoía por muitos deles, em especial pelo Iuri Xavier Pereira, pelo André Grabois (que andava desaparecido; achei que tinha caído, mas depois vim a saber que participava da Guerrilha do Araguaia, onde foi fuzilado. Mas isso só soube bem mais tarde, em outubro de 73), pelo Stuart Angel... E vários outros. De alguns já sequer recordo o nome, mas foram vários, como Silvio Darin, por exemplo.

Eu dava apoio legal à guerrilha urbana, por meio da VPR ou da VAR-Palmares, justamente através de Silvio Darin, que era o meu contato direto. Mas dava um apoio especial a ele, que já estava na legalidade. Quando caiu percebi que todo mundo em volta já havia caído.

Percebi que, devido à ação dos infiltrados, o tempo de sobrevida desde que você entrava na ilegalidade podia ficar resumido a

24 horas. Sim, havia tanta infiltração de agentes de informações da ditadura, que se você entrasse na clandestinidade, em um dia podia estar preso ou morto.

Foi quando eu me disse: Não. Não, não! Não sou herói. Não tenho vocação para ser preso ou morto, não!

O Paulo Alves e o Pedro Alves, por exemplo, amicíssimos meus, já estavam presos. O Paulo um dia entrou na embaixada francesa no Rio de Janeiro e pediu asilo. O embaixador negou. Ele não pestanejou, abriu a pasta, pegou o seu calibre 38 e deu um tiro no próprio peito. Como o cano do revólver era muito longo, o tiro sofreu um desvio, não acertou o coração, mas o pulmão. Foi uma sangueira danada na sala do embaixador. Gritaria. A polícia do exército chegou e o levou para o hospital militar. E, depois de curado, pra cadeia, lógico. Lá foi torturado, perseguido, condenado.

Foi naquele ano de 1970 que dei um basta. E um fato precipitou a coisa toda. Nesta época eu morava na Ilha do Governador, e meu vizinho de baixo, que era funcionário civil da Aeronáutica, me alertou:

– Olha, Bemvindo, o CISA – Centro de Informações da Aeronáutica – está atrás de você. Toma cuidado que, a qualquer hora, eles vêm te pegar!

Já estava atrás de mim o CENIMAR – Centro de Informações da Marinha. Meu Deus, eu morava na Ilha do Governador, entre a base aérea do Galeão e a base de fuzileiros navais!

Ouvi aquilo aturdido. Saí andando sem rumo pela cidade. Passei em frente a um cinema. Estava passando Teorema, de Pasolini. Entrei. Saí envolvido pelo filme e com a frase do vizinho ainda latejando na cabeça. Eram umas cinco ou seis da tarde. Tomei a decisão.

Eu estava com a roupa do corpo e o indefectível livro debaixo do braço, mas fui repetindo de mim pra mim: Não volto pra casa, se eu voltar serei preso. Minha sensação de estar sendo perseguido era real. Quem é aquele moço parado, me olhando?, pensava. Vou ser preso agora?

Fui ao centro do Rio. Uma hora de viagem. Procurei vários amigos de esquerda, de toda ordem. Muitos aposentados. Comecei a arrecadar moedas. Cinco moedas de um, dez do outro, e logo eu tinha a soma necessária para comprar uma passagem para São Paulo. O moço parado me olhando estava em toda parte. Até onde era paranoia até onde não, como saber? Melhor agir.

O ônibus que me levaria de volta para casa na Ilha do Governador passava em frente à rodoviária. Os meus perseguidores nem se dariam conta do movimento que eu estava fazendo.

Pelas dez da noite tomei o ônibus como se fosse para casa, mas saltei no ponto da rodoviária. Comprei passagem e sumi. Foi como se eu me desintegrasse, desaparecesse. Foi o meu corpo sólido se desmanchando no ar – bem, pelo menos para eles. Mas na verdade eu balançava sorridente num ônibus rumo a São Paulo. Levava a roupa do corpo e o livro, que nessa hora voltava a ser devorado. Sonhos e sonhos.

Vivíamos ainda um tempo analógico, sequer DDD tínhamos. Muito menos Internet, naturalmente. A tecnologia mais revolucionária de então era o telex. Por isso, nesse tempo era mais fácil desaparecer. Bastava que eles te perdessem de vista e já era!

Cheguei em São Paulo às cinco e meia da manhã, fui para a casa do Mário Jorge, primeiro poeta concretista sergipano, um dos valores literários de Sergipe, dono de uma obra ácida e forte, que faleceu três anos depois, em 1973, aos 27 anos, num acidente tolo e horroroso. Eu o conhecia desde 1966, quando estivemos presos em Aracaju.

Ele morava no Edifício Copan. Cheguei lá, toquei a campainha. Estava acordado, tocando flauta doce. Doce era a flauta, porque o cheiro de cannabis era acre e invadia todo o apartamento, devia vazar para o corredor. Vou ter de sair daqui, vai dar polícia aqui, pensei.

Assim que o dia clareou, fui para a casa do Cacá Teixeira, que havia sido meu primeiro produtor quando a gente começou em teatro, em 1966, na Ilha do Governador. Quatro anos haviam se passado desde então. Mas que anos!

Bem, ali começava outra fase na minha vida. Uma fase nova, de muito medo, muita carência, muita solidariedade e algumas poucas vitórias – algum sucesso é preciso, afinal.

Vivendo de ar e teatro

Em 1970 completei 23 anos de uma vida intensa, mas os ventos da ditadura passaram a soprar mais fortes que nunca. Era preciso estar atento e, acima de tudo, ausente.

Bem, bati na porta da casa do Cacá, o produtor teatral.

– Estou em São Paulo, Cacá, eu lhe disse.

E ele:

– Que pena, se tivesse chegado um pouco antes eu teria trabalho pra você, estamos com uma peça, chama-se *O Assalto*. Eu já tenho o elenco, estou estreando hoje em Brasília. Mas fica aqui em casa. Vou arranjar alguma coisa pra você.

Fiquei com o Cacá e a mulher dele. Foi muito difícil, eles na verdade não tinham lugar para mim. Me punham para dormir na cozinha. Estava uma friagem danada em São Paulo, eu não era acostumado àquilo. Nem a tantos gatos, que dormiam todos em cima de mim. Era uma prova da vida, e eu a aceitei.

Foi quando o Cacá conseguiu arrumar um papel para mim em uma peça infantil, *A Formiguinha que Foi à Lua,* a qual estreou no Teatro Paiol, em São Paulo, com direção de Norma Greco. Eu era um cavalinho. Uma manta branca, crivada de guizos, me cobria o corpo inteiro. E quando andava fazia bililim! bililim! bililim!... Usava uma meia máscara de cavalo, que deixava só a boca de fora.

Essa peça infantil me garantia o almoço durante a semana, um prato-feito num botequim, ao lado do Paiol. Dava também para uma lata de sardinha com pão, para comer à noite, o que me poupava de incomodar os anfitriões.

Certo dia, durante a peça, saio de cena e imediatamente tiro a máscara que me fustigava. Ponho os óculos para acompanhar o texto e saber a hora de voltar ao palco. Chega o momento e eu entro, mas sem recolocar a máscara. E saio: bililim! bililim! bililim!...

As crianças começaram a gritar:

– O cavalo está sem cabeça! o cavalo está sem cabeça!

Foi uma loucura. Mas saí por uma coxia e voltei pela outra já com a cabeça no lugar.

Neste interim a dupla que estava em Brasília apresentando a peça *O Assalto*, Luiz Sérgio e Neri Vitor, brigou entre si. O Cacá me ligou dizendo que precisava substituí-los.

– Vamos ter uma temporada em Goiânia na semana que vem. Você sugere alguém pra fazer dupla com você?

– Tem o Reinaldo Gonzaga, está no Rio de Janeiro, respondi.

– Chama ele pra minha casa. E se tranquem pra estudar o texto. Vocês vão estrear em Goiânia na semana que vem.

Foi o que fizemos.

Mas só deu pra decorar o primeiro ato da peça, e sem direção de ator. Iríamos receber as marcações só lá em Goiânia. O segundo ato a gente ia intuindo – e lá fomos nós para Goiás.

Os Serviços de Informação, se me procurassem no Rio de Janeiro, não poderiam imaginar que eu estava em São Paulo, fazendo *A Formiguinha que Foi à Lua*, e indo pra Goiânia estrear *O Assalto*, do Zé Vicente. Pra mim estava ótimo!

A peça foi um sucesso estrondoso. Não conseguíamos entender, só havíamos decorado o primeiro ato. Sabíamos como terminava a história, mas o segundo ato a gente improvisava. Mas o povo, doido, adorava! A plateia aplaudia de pé, pedia prorrogação da peça. Eu nunca havia ganho tanto dinheiro. Jogava a grana pro alto no quarto do hotel, uma farra!

Aí viajamos com o espetáculo por mais de cem cidades. Passamos por Santa Catarina, Paraná, Rio Grande do Sul... Quando chegamos a Porto Alegre, o produtor nos chamou:

– Olha, essa peça já foi representada aqui por Geraldo Del Rey e Rubens Corrêa, vocês tratem de decorar o texto como ele é, que aqui tem crítica.

Decoramos o texto certinho. E a partir daí foi um fracasso...

Subimos para Ouro Preto. Chegamos a um hotel em que estava o embaixador inglês no Brasil. Com ele, estavam quatro agentes federais, fazendo sua segurança.

À noite resolvemos ir pra zona de Ouro Preto, e dois agentes federais foram também. Um deles buliu com uma prostituta que era "propriedade" de um cabo da Polícia Militar da cidade. O cabo chegou e entesou com eles.

Pensei, vai dar merda, os caras são federais, vão enquadrar o cabo. Eu e o Reinaldo então tomamos o partido dos federais, queríamos ver o cabo preso. Só que os federais não podiam deixar a descoberto que estavam na zona, em vez de ficar dando cobertura para o embaixador inglês. O cabo deu voz de prisão para os federais e para nós dois, o Reinaldo e eu. Fomos os quatro para a cadeia de Ouro Preto.

Um frio desgraçado, a cela só tinha grades, não havia vidro na janela, o vento assobiava. Eu comecei a discursar, a reclamar os Direitos Humanos da ONU, mas o soldadinho de plantão nem entendia o que eu estava falando. Pela manhã nos libertaram.

Em Ouro Preto fomos à falência. Não tínhamos dinheiro nem pra voltar para o Rio de Janeiro. Foi um fracasso, mas o produtor conseguiu grana com uns amigos e declarou:

– Vamos pro Nordeste!

Começamos por Salvador.

Cheguei lá em agosto de 1970, completando minha fuga à Bahia. Já estava solto no mundo, já não tinha raiz nenhuma. Liguei pro meu pai e disse que estava viajando pelo Brasil. Ele, que sempre foi libertário, simplesmente respondeu:

– Tudo bem!

Estreamos no Teatro Vila Velha de Salvador. Ficamos duas semanas em cartaz, com grande acolhida do público. Foi quando conheci João Augusto, que era diretor do Vila Velha e do grupo Teatro Livre da Bahia, formado por marxistas que faziam teatro popular no estado. Ele me convidou para ficar lá trabalhando com ele. Expliquei que não podia, pois tinha uma carreira, e minha ideia era voltar para o Rio de Janeiro assim que a repressão passasse.

Nossa temporada estava marcada até Manaus.

Viajamos. Fizemos espetáculos em Maceió, Aracaju, Recife, mas nunca repetindo o sucesso anterior. E o João Augusto me dizia para voltar, para trabalhar lá na Bahia. Até que me ofereceu uma proposta de trabalho, num evento chamado *Maxi Feira Promove*. Eu seria o apresentador. Ele me garantiu uma passagem por semana para o Rio de janeiro e um salário. Nada disso aconteceu.

Chegando a Fortaleza, voltei para Salvador, seduzido pela proposta, que incluía, depois da Feira, montar uma peça e mais tarde ir aos Estados Unidos, onde João era amigo da adida cultural do Brasil. Na sequência iríamos para o Rio de Janeiro, já com a marca do sucesso que teríamos feito nos Estados Unidos. A feira foi um fracasso e eu nada recebi, nem nada daquilo sobre Estados Unidos saiu das intenções.

Mas como já estava na Bahia, fui ficando, esperando montar a tal peça que levaríamos aos Estados Unidos.

Já era final de ano. Em janeiro as chuvas torrenciais botaram abaixo o Teatro Vila Velha.

Só me restava voltar para o Rio de Janeiro. Porém, como leonino solidário, não pude abandonar o João Augusto naquela situação. E a essa altura eu já estava morando na casa dele. Fiquei um ano esperando o Teatro ser reconstruído. Isso aconteceu em 1972.

Como João Augusto era marxista, disse ao governador para primeiro reconstruir as casas dos trabalhadores e as escolas, depois o Teatro. Com isso conheci a miséria em 1971, em Salvador. Passei fome. Eu tinha amigos que levavam comida pra gente de madrugada, depois que saíam do restaurante, ou deixavam o resto do almoço na minha janela de primeiro andar.

O Maestro Carlos Lacerda batia na nossa porta e nos dava pão de mel e sustagem, pra nos fortalecer. Em 1971 só me defendi declamando poesias românticas, parnasianas e Brecht, num restaurante, enquanto o maestro Carlos Lacerda tocava clássicos. Em troca recebia um prato de filé, com que o dono do restaurante me regalava na madrugada. Para o almoço, ganhava do mesmo restaurante arroz com ovo.

Tinha uma amiga, a Flora Amélia, que trabalhava num laboratório. Ela me dava umas moedas, o suficiente para um litro de leite e uma vara de pães. Essa era minha janta, quando não tinha seção poética no restaurante. Passei foi fome mesmo.

Em 72 o João Augusto foi dirigir, no Teatro Castro Alves, uma vez que o Teatro Vila Velha estava sendo reconstruído, a peça Pinóquio. Fui trabalhar com ele fazendo o raposo. Foi então, quando eu já estava há um ano e meio em Salvador, que começou a entrar um dinheirinho.

Enquanto isso aguardava fazer a peça que seria levada para os Estados Unidos, mantendo-me a salvo das forças de repressão. Foi um tempo em que eu estava absolutamente quieto em termos de atividade política.

Assim, fui ficando na Bahia, uma estadia que se alongou por memoráveis quinze anos. Ainda voltaremos a ela, em breve.

Como me tornei comunista

Aos sete anos de idade fui mandado para um colégio interno, no Rio. Nunca gostei daquele colégio, para onde ia na segunda-feira e só voltava na sexta. Era um suplício porque eu amava ficar em casa, acompanhando minha mãe e assistindo televisão, que ainda era uma novidade no país. Em preto e branco, naturalmente. Tínhamos uma portentosa *Invictus* 54, de 32 polegadas.

Mas que terror que era aquele colégio em que fiz o primário!

Para fazer o Ginásio (o que hoje equivale ao período do sexto ao nono ano do Ensino Fundamental) me mandaram a Varginha, no sul de Minas Gerais, para estudar num colégio interno de maristas. Um irmão meu que trabalhava na Nestlé da região foi quem incentivou minha família:

– Manda-o pra cá, aqui tem um colégio ótimo. E assim ele fica perto de mim.

Perto dele? Eu era interno lá! Só tinha um mês de férias em julho e as férias do final do ano. De resto era aquele terror. Meu psicanalista mesmo me disse que meus problemas existenciais se devem, acima de tudo, aos ecos desses internatos, em que vivi dos sete aos quinze anos de idade. Só saí de lá por um motivo ainda pior, ligado ao martírio de minha mãe. Mas isso veremos à frente.

O período daquele ginásio foi o mais odioso. Tudo me repugnava vivamente. Mas, dentre todos os horrores, o fato de ser acordado todos os dias às seis da manhã e exposto a um banho frio coletivo, numa promiscuidade desagradabilíssima, empurrado por padres que ficavam nos observando com indisfarçada lascívia, era o pior.

Às seis e meia deveríamos estar arrumados, penteados, prontos para ir à missa. Só às sete a gente descia para o refeitório para tomar um desjejum; às sete e meia, começávamos a assistir às aulas.

Eu odiava as missas, uma tortura. Não tinha cultura religiosa. Ou melhor, tinha alguma. Havia uma vizinha no subúrbio em que eu então morava no Rio que possuía um pequeno terreiro de umbanda e que rezava para mim. Também havia a minha própria avó portuguesa, que recebia uma preta velha, a quem, de tempos em tempos, a minha mãe me levava para tomar passes. Coisas do povo, o povo tinha essa relação com as religiões africanas (isso antes de surgirem as igrejas evangélicas).

Eu nunca queria, mas não mesmo, ir à missa. Aos 13 anos tive uma sacada, baseado na Constituição. Me empertiguei e disparei para os padres maristas:

– Eu não quero ver missa, não posso, não preciso ter missa, eu sou espírita! Pela nossa Constituição eu não sou obrigado a assistir à missa.

Com isso estaria livre, poderia ficar zanzando pelo colégio enquanto os demais se ferravam assistindo à lenga-lenga.

Não foi assim. Eles responderam com toda a calma:

– Perfeitamente! O senhor não precisa ver missa.

Apontaram para uma cadeira no corredor e disseram-me para eu ficar sentado ali até a missa acabar.

Tiro pela culatra. Aquilo era muito pior. Na missa estavam meus colegas. Agora eu ficava por meia hora com a cara contra a parede esperando a missa acabar. E mais: como me declarei espírita, não havia outra saída senão manter aquela situação.

Nos finais de semana tínhamos folga. Não podíamos voltar ao Rio, mas podíamos passear pela cidade de Varginha, se quiséssemos. E os padres me questionavam:

– Hoje o senhor vai ao centro espírita?

Bem, a ideia do espiritismo não tinha saído do nada, não é? Eu havia feito amizade com uma menina espírita de Varginha, através da qual conheci uns senhores, que me pareciam idosos à época

- embora talvez tivessem cinquenta e poucos anos. Eles eram maçons e estavam reconstruindo um centro que havia sido extinto lá há décadas, o *Centro Espírita Humildade e Caridade*, na rua Rio de Janeiro, em Varginha.

E eu os ajudei a reconstruir o lugar, fui um dos seus refundadores. Li toda a obra espírita, o *Livro dos Espíritos*, o *Evangelho Segundo o Espiritismo* e todo o demais que era possível ler. E, aos domingos, o centro promovia caridade por meio da *Campanha do Quilo*. Cada membro levava um quilo de alimento, que nós ensacávamos e distribuíamos nas comunidades pobres.

Eu, que depois de uma primeira infância no interior de Minas Gerais havia sido criado no subúrbio do Rio, que conhecia a pobreza (apesar de nós mesmos não sermos pobres), tomei ainda mais contato com ela em Varginha, levando comida aos pobres.

Como jovem carioca, cheio de energia, fazendo caridade, chamei a atenção de dois comunistas da cidade. Um se chamava Célio Segundo Salles. O outro, de quem só lembro o sobrenome, Garroni, era dono de um hotel de lá.

Um dia, ao passar em frente ao hotel eles me chamaram:

– Vem cá, você é espírita?

– Sou sim.

– Você distribui o quilo?

Respondi que sim.

– Por que você faz isso?

– Porque quero ajudar os pobres, ajudar a acabar com a pobreza...

– Mas existe outra forma mais prática, mais consequente de acabar com a pobreza. Existe um país no mundo onde ela está acabando, onde os pobres chegaram ao poder. Se chama União Soviética.

Eu me interessei. Então eles me deram um livro pra ler, creio que se chamava *Entre Dois Mundos*.

Li-o e me entusiasmei. Mas que sabia eu, aos quatorze anos de idade, de socialismo? Contudo comecei a frequentá-los. Uma vez fui levado a uma casa, numa reunião, provavelmente clandestina, não sei, para discutirmos o plano econômico trienal do governo

João Goulart. Eu não entendia nada daquilo, mas estava lá, muito pimpão.

De repente, sem mais nem porque, me liberaram do colégio interno. Só me disseram:

– Agora você vai pra casa, morar com o teu pai e tua mãe.

Tínhamos uma casa de frente pro mar, na Ilha do Governador. Nada seria melhor, mesmo para um adolescente: acordar e sair mergulhando, pra só depois tomar café, no verão do Rio de Janeiro...

Mas a felicidade durou pouco. Quando cheguei, me procurou meu irmão, vinte anos mais velho:

– Nós trouxemos você porque mamãe está com câncer, no nível quatro. Ela vai morrer. Pouco tempo de vida.

Aquilo foi terrivelmente traumático. Quer dizer, eu passo a minha infância e adolescência no colégio interno, e quando volto para casa, quando posso ser feliz, na verdade é pra ver minha mãe morrer?

Para piorar tudo, meu irmão me impôs o silêncio: nossa mãe não sabia que tinha câncer, não deveria saber. Claro que ela intuía que estava doente, mas... mas eu sequer poderia abraçá-la com maior afeto, para que ela nada percebesse. Um negócio insuportável, injusto, dava raiva graúda.

Minha mãe foi para São Paulo, o melhor lugar pra tratar aquele mal. Então meu irmão, o que trabalhava na Nestlé de Varginha, falou para o meu pai, que era contador, ir trabalhar lá, porque era mais perto de São Paulo do que o Rio. Assim ficava mais fácil acompanhar o tratamento de mamãe.

Eu, que havia pensado ter me livrado definitivamente de Varginha, lá estava novamente, para meu azar.

Nesse momento estava livre do mundo, e mesmo o espiritismo não significava mais nada para mim: me interessava o socialismo! Foi quando meus amigos comunistas de Varginha passaram a participar do Molivar – Movimento Libertador de Varginha.

Veio a dura notícia da morte de minha mãe, em janeiro de 1963. Voltamos ao Rio de Janeiro, alquebrados que só. Mas esses amigos me prepararam uma carta, num papel de seda azul, sem timbre, primaríssima, me apresentando à UNE e à UBES. Diziam que eu era um bom companheiro e que eles me indicavam para a militância nesses organismos.

Cheguei ao Rio e fui ao prédio da UNE. Me mandaram para a UBES. Nesta instituição, leram a carta e imediatamente me nomearam diretor político e administrativo. Eu não sabia o que era aquilo, não sabia nada de socialismo, não sabia nada de nada na luta política.

Ia à UBES e os outros diretores diziam:

– Amanhã vou ao Ativo, você vai ao Ativo?

Eu lá sabia o que fosse Ativo? Depois entendi que aquilo era para quem estava no Partido. Aí fui me frustrando, percebendo que eu era o café-com-leite da UBES. Como não fazia parte do esquema, ficava lá exercendo atividades triviais, atendendo quem chegava.

Um dia estava na UBES, já com cara de contrariado, e chegou um paraense, de óculos, moreninho, baixinho, com um projeto na mão. No projeto havia histórias em quadrinhos. Ele desejava propor à UBES e à UNE a Quadrinhobras. Queria que fosse criada uma empresa estatal para histórias em quadrinho brasileiras. A gente não podia fazer muita coisa por ele. Perguntei-lhe:

– Como é seu nome?

– Maurício de Souza.

Sim, era o grande criador da Mônica e do Cebolinha.

Aos poucos fui deixando a UBES de lado. Eu tinha amigos na Ilha do Governador, e a gente trocava ideias: O que você acha da reforma agrária, o que você acha do socialismo? E aquilo entusiasmava a gente, uns três ou quatro colegas. Um dia apareceu um cara um pouco mais velho do que nós, que conhecia algo das organizações, e propôs que criássemos um grupo de estudos sociais do Brasil. Boa ideia!

Criamos. Mas precisávamos de um local. Ele nos disse que fôssemos ao centro do Rio, procurar alguém que nos cedesse uma sala uma vez por semana, pra que a gente pudesse se encontrar.

Chegamos ao edifício Avenida Central, na Avenida Rio Branco. Olhamos o quadro de entidades do edifício. Lemos lá: Jornal Novos Rumos. Eu perguntei ao cara mais velho o que era aquilo.

– Isso é um jornal do Partido Comunista.

– Mas de que linha?

– Da linha soviética, da coexistência pacífica.

Eu disse que não queria aquilo.

Depois lemos: Jornal Movimento.

– E esse?, perguntei-lhe.

– Esse é o jornal do Brizola.

Disse que aquele eu também não queria. Fomos procurar outro edifício, o Santos Vahlis. Lemos lá: A Classe Operária. Perguntei a ele sobre.

– Isso é do PC do B - Partido Comunista do Brasil.

– E o que é?

– É linha chinesa.

– Isso! Esse eu quero!

Subimos.

Éramos não mais que quatro jovens com cara de peru-de-fora quando entramos na sala e encontramos quatro pessoas reunidas, uns velhos, para os frangotes que éramos. Eles olharam espantados para a gente, perguntando o que queríamos. Pedimos uma sala para fazer uma reunião, explicamos que éramos um grupo de jovens estudando o Brasil.

Eles ficaram algo constrangidos, mas nos cederam uma sala pequena, com banheiro, um pequeno escritório. Nos acomodamos e começamos nossos estudos sobre a sociedade brasileira, sem nos dar conta de que aqueles quatro "velhos" que havíamos encontrado eram Pedro Pomar, Maurício Gabois, João Amazonas e a Elisabete. Simplesmente era a comissão executiva do PC do B que estava reunida ali naquele momento.

Havíamos interrompido uma reunião da executiva do Partido Comunista do Brasil para pedir uma sala.

Mas eles não perderam a oportunidade. Encostaram na gente assim que a reunião acabou, perguntaram de onde éramos e ofereceram-se para nos mandar alguém que orientasse nossos estudos na Ilha do Governador. Um assistente do partido, claro. Nós aceitamos, e assim nos filiamos ao PC do B. Na clandestinidade, naturalmente, porque o partido estava clandestino.

Criamos então uma célula, uma base de jovens na Ilha.

Essa base chegou a ter dezoito jovens, antes do golpe militar. Entre eles a Bete Mendes, que devia ter uns dois anos a menos que eu, e que consegui conquistar para o partido, mas não para mim.

Em 64, com o golpe, nós, os 17 meninos e a Bete Mendes, entramos na clandestinidade severa, porque a ditadura estava instaurada.

Continuamos nos reunindo, e o efeito da beleza deslumbrante da Bete adolescente sobre aquele grupo não deve ser difícil imaginar. Mas o dever da disciplina, acrescido do fato de que ela namorava um de nós, nos mantinha na mais absoluta linha. Mas era duro, viu?

Fogo no meu apartamento

O golpe militar de 64 se deu quando a gente já estava militando no PC do B, por meio da célula na Ilha do Governador. Eu tinha 17 anos de idade e aquilo pra mim representou uma injustiça imensa. Eu não aceitava o golpe.

Meu pai havia sido político do PSD, em Carangola, Zona da Mata de Minas Gerais, região do Contestado. Meu pai não era socialista, era um democrata. Ele me ensinou os valores da democracia.

Quando era menino, com 7 anos, acompanhei a campanha de eleição de Juscelino Kubitschek. Torcia pela sua vitória. Mais tarde, com 11, fiz campanha para o Marechal Lott, com uma espadinha no peito. Distribuía a espadinha na rua para as pessoas, pedia votos para o Marechal.

Tinha, portanto, uma tradição democrática, e aquele golpe foi uma pancada nas minhas convicções. Ainda mais que eu estava já no Partido Comunista do Brasil, compreendia a perda descomunal que aquilo representava para a classe trabalhadora. O golpe foi uma catástrofe muito grande.

Aí houve um grande equívoco da Central Geral dos Trabalhadores, a CGT, que para combater o golpe decretou greve geral. Ora, os ricos tinham carro para se deslocar. A burguesia de Copacabana pôde ir de carro queimar a UNE. Nós, os proletas, não tínhamos carro, e agora, graças à CGT, nem ônibus.

Carro era artigo de luxo em 64, e como não contávamos com ônibus, tivemos que nos deslocar a pé para dar apoio ao povo, para ir aos centros urbanos, fazer aglomeração. Eu me lembro de irmos com as próprias pernas até a porta do quartel dos fuzileiros navais, na ponta extrema da Ilha do Governador, porque lá era comandante o Almirante Aragão, e havia um boato de que ele distribuiria armas ao povo. Ficamos longo tempo na porta; nada aconteceu. (Grande Almirante, defendendo a legalidade, contrário ao golpe. Ainda pagaria caro, inclusive com tortura, a perda de um olho e exílio, por ousadia tanta.)

Andávamos a pé sob a chuva fina que caía naquele primeiro de abril. Caminhávamos na chuva tentando reunir a base, juntar a célula, não tínhamos noção de nada do que estava ocorrendo. O golpe ia se desenrolando, mas era muito difícil entender tudo que se passava.

Segundo Prestes e o Partido Comunista a gente já havia chegado ao poder, o governo João Goulart ia fazer as reformas, os militares o estavam apoiando..., mas quê!

Afinal o golpe se implantou e a gente passou a se reunir e a ampliar as nossas relações com gente que era simpatizante do partido, antimilitar, antiditadura. As reuniões eram na casa da professora Anne Marie, uma francesa que havia participado da Resistência durante a ocupação alemã da França, na Segunda Guerra Mundial. Ela morava na Ilha do Governador e a casa também era sede da Aliança Francesa.

Nós, a garotada toda, entrávamos pelos fundos, nos reuníamos com ela e ficávamos a madrugada toda conversando, tentando inclusive ouvir o Brizola, porque ele tinha uma rádio clandestina, instalada em um caminhão, com a qual andava pelo Rio Grande do Sul. Ele fazia apelos ao povo para se revoltar, para não pagar impostos, para assim derrubar o Regime Militar.

Era difícil escutar aquela rádio em ondas curtas, mas quando a gente a ouvia, ficava felicíssimo. Ou então sintonizávamos a rádio de Moscou para ter notícias do Brasil.

Foi extremamente árduo manter a célula unida. Em meados de 64, junho ou julho, perdemos contato com a assistência do Partido, ficamos soltos. Eu conhecia um camarada da POLOP, Rui Raposo. Ele me propôs que fizéssemos uma frente de esquerda revolucionária, dizendo que não precisaríamos entrar para a POLOP, mas que trabalhássemos juntos.

Constituímos a Frente de Esquerda Revolucionária, rodamos manifestos, fizemos várias ações.

Então ocorreu o inesperado. Por um acaso do destino, passei minha própria roupa em casa e, garoto de dezessete anos, saí para a gandaia. Mas esqueci o ferro elétrico ligado. A roupa pegou fogo, incendiou o quarto.

Acontece que todos os manifestos mimeografados estavam dentro de casa. Quando voltei já era madrugada e encontrei a polícia na porta; não fui autorizado a entrar. Dois guardas civis me informaram que o apartamento havia pegado fogo e estava interditado.

Conversei com eles, aleguei que estava com frio, que precisava pegar um casaco. Acabaram me deixando entrar. Aí vi que todo aquele material dos manifestos estava espalhado em cima da mesa, aguardando o DOPs chegar.

Eles me disseram para não tocar em nada. Percebi que não ligaram o material a mim, provavelmente me acharam muito garoto para que fosse meu. Pensaram talvez que era do meu pai. Saí de fininho e não voltei.

Meu pai retornou de uma viagem no mesmo dia e foi preso, levado ao DOPS como suspeito de ser o subversivo. Então ficou esclarecido que o subversivo era eu.

Havia um tio meu que era ex-pracinha da FEB e que tinha boas relações com o DOPS e com os militares. Conseguiu fazer com que liberassem meu pai, mas com o compromisso de ele me apresentar à polícia.

E eu sumi, fui me esconder na Lapa. Fiquei na rua Taylor, onde morava um rapaz que conhecia, Salvador Elias Char, e outro amigo, Paulo Mazei. Eles tinham algo como 30 ou 35 anos. O que eu não podia supor é que eles eram cafetões de michês masculinos da minha idade.

Me escondi na casa deles, mas não entendia o que acontecia lá, era muito ingênuo. Percebi que havia muitos rapazes que chegavam de madrugada, dormiam e saíam logo depois. Eu ficava no meu mundo. Eles gostavam de mim, eu tentava ser simpático com eles. A coisa ia bem.

Me valia nesse período a cara de árabe para descer para um botequim ilegal da Lapa, numa travessa, frequentado por imigrantes árabes. Ali comia a única refeição do dia, que era o que dava para fazer com o dinheiro que a POLOP me dava. Fiquei naquela casa por uns dez dias, com a família me procurando, até que fiz contato com o meu tio, que disse:

– Você precisa se entregar, seu pai vai ser preso.

– Não vou me entregar, se eu me entregar vai ser pior, vários outros pais serão presos, respondi.

Um belo dia, andando pelo Aterro do Flamengo, disfarçado, de boné e óculos escuros, cachecol, vejo meu tio passar de carro. Ele me reconhece. Volta, faz novo apelo. Digo que vou pensar no assunto.

Acabo voltando. Procuro um advogado na Ilha do Governador, o Doutor Villa Verde, que nem cuidava de presos políticos, era apenas um advogado morador da Ilha. Concordou em me defender.

Procurei um conhecido médico comunista, João Ramos de Oliveira, grande profissional, e consegui uma ampola de Pervitin, uma metanfetamina, estimulante que tirava o sono, porque o depoimento no DOPS da época costumava durar 24 horas e não era conveniente dormir.

No dia aprazado fui ao DOPS com meu advogado, mas não sem antes passar num bar e tomar um cafezinho com a ampola de Pervitin. Aquilo me deixaria acordado sem que ficasse atordoado, com confusão de ideias, pois esse era o objetivo do depoimento tão longo: desnortear o depoente, impedindo-o de dormir.

Subimos. Dois agentes nos esperavam, o Solimar e o Boneski, que faziam aquele jogo do policial ruim e do policial bom. O Solimar era um rato, uma figura baixotinha, asquerosa, óculos de fundo-de-garrafa, sujeito perigoso, pervertido.

O Beneski era um italiano grandão, talvez um tapa dele derrubasse alguém, mas fez o policial bonzinho. Me pareceu mais humano do que o Solimar, que mais parecia um oficialzinho nazista.

No fundo eles acharam engraçado que eu, com dezessete anos de idade, estivesse metido naquilo. Viraram para mim e disseram:

– É, a sua chefe está presa aqui.

– A minha chefe?

Eles:

– É, a fulana de tal, da AP.

Achavam que eu era da AP, a Ação Popular Marxista Leninista, uma organização com fundamentos católicos. Naquele tempo ser católico livrava você de muita coisa. Aquilo era muito melhor que dizer que era do PC do B. Me fiz de tonto, falei: "Ah, é?".

Eles estavam muito mais preocupados com a Guerrilha do Caparaó, inspirada na de Serra Maestra, que teve lugar na Serra do Caparaó, divisa entre os estados do Espírito Santo e Minas Gerais. Era ligada ao Brizola e financiada no seu início por Cuba. E era apoiada pela AP.

Ainda existia habeas corpus e meu advogado alegou que eu era menor de idade e que os manifestos não haviam sido distribuídos, portanto não havia crime. Eles inquiriram:

– Quem mais está nisso?

– O Renato, eu menti.

– Quem é o Renato?

– Um amiguinho de quinze anos.

Eles foram ficando enfadados, afinal tinham muito a fazer naquele agosto de 1964.

Fui ficando à vontade, tudo se ajustava bem, situação resolvida. Eis que abrem uma porta e entra um preso político, o cenógrafo Léo Leoni, que eu conhecia do Teatro Jovem, em Botafogo. A cara dele era mais um bife que um rosto. Era sangue pra tudo que é lado, olho inchado.

– Conhece esse aí?

E agora, o que é que eu faço?, pensei. Se disser que conheço, estou encalacrado com ele, o Léo estava envolvido na Guerrilha do Caparaó. Se eu disser que não conheço, e o Léo já houver dito a eles que me conhece, aí me ferro de vez. Foi quando consegui olhar muito rapidamente no olho dele e o Léo fez um sinal muito sutil de negação. Imediatamente disse:

– Não, não conheço não!

Levaram-no de volta. E aí começaram a falar que ele era da Guerrilha de Caparaó.

Isso acabou sendo a salvação do Léo, porque ninguém sabia que ele havia sido preso. Quando saí de lá botei a boca no trombone, o que acabou salvando sua vida.

Depois de umas quatro horas de interrogatório eles me liberaram. Peguei um ônibus para a Ilha do Governador, mas o Pervetim já estava fazendo seu efeito: fiquei com uma energia tal que minha vontade era saltar do ônibus e ir correndo para a Ilha.

Chegando em casa, nada de dormir. Só apaguei no dia seguinte.

Bem, mas antes de sair do interrogatório eles me falaram:

– Traz essa garotada. Não vai acontecer nada com vocês, mas traz eles aqui, só pra gente conhecer.

Conclamei a garotada, expliquei que não ia acontecer nada e depois eles deixavam a gente em paz.

A Bete Mendes se insurgiu, afirmou que não ia, só arrastada.

– Eles, se quiserem, que venham me pegar.

Uma heroína, uma corajosa, uma mulher de fibra, fantástica!

Decidimos que ninguém mais ia se apresentar. Eles que se danassem, morressem logo!

Na sequência conseguimos retomar o contato com o PC do B, através do Walter, irmão do Líbero, que morreu na Guerrilha do Araguaia na década de 70. O Walter passou a nos dar a assistência do PC do B por um bom tempo.

Em 1965 perdemos a ligação com ele, ficamos soltos, sozinhos na Ilha do Governador. Foi quando descobrimos que havia uma célula do Partido Comunista Brasileiro na Ilha e pedimos ingresso nela; tínhamos que militar em algum partido comunista, afinal.

Organizamos uma base que se chamou OBJ1, Organização de Base de Jovens 1. Depois vim a descobrir que existia a OBJ2 em Bom-Sucesso, a OBJ3 na Vila da Penha. Bem, passamos a militar no Partido Comunista Brasileiro na Ilha do Governador.

Em 1966 o Partido convocou o Sexto Congresso pra discutir os rumos, como contei acima, ao qual fui conduzido de olhos vendados. Foi aí que o Partido se cindiu todo. Dissidências surgiram.

A divisão básica era pela disputa entre a luta pacífica democrática ou a luta armada. Como éramos jovens fogosos, queríamos a luta armada. Não tivemos dúvidas, entramos para a dissidência.

A primeira infância no faroeste

Minha mãe, Maria, era filha de árabes libaneses. Meu pai, Carlos, era filho de português. Casaram-se muitos jovens, imaturos. Ela tinha 16 anos e ele, 18. Meu avô materno, árabe, tinha um armarinho, uma loja, não sei, em frente à qual passava o bonde de São Cristóvão.

Minha mãe ficava na porta vendo o movimento, meu pai passava de bonde, olhava para aquela morena árabe e pensava: "Eu vou me casar com você! Eu ainda vou me casar com você". E o bonde seguia.

Um dia meu pai saltou do bonde e foi pedir a mão de minha mãe em casamento ao meu avô. Como não sabia de nada, meu avô reagiu como todo o velho árabe patriarcal, paternalista e machista: fez um escândalo. Achincalhou minha mãe:

– Você é puta, fica na porta da loja olhando os homens que passam! A minha filha é puta!

Quebrou uma cadeira em cima de minha mãe, na frente do meu pai. Mas, afinal, acabou concordando com o casamento. A minha avó gritava:

– Ele não quer nada, só quer as joias da família, ele é português, quer nos roubar!

Casaram-se muito imaturos. Tanto que um ano depois minha mãe estava infeliz e foi à casa de minha avó para se queixar. Queria deixar o marido. A velha, mulher submissa daquela época (isso era antes de 1930), perguntou-lhe:

– Seu marido bate em você?

Ela disse que não.

– Você passa fome, ele dá comida pra você? Dá cama, dá roupa?

Minha mãe disse que sim.

– Mas então está reclamando de quê? Ele emprestou o sobrenome pra você, dá terra, dá comida, dá roupa, não bate em você... Volta pra casa, vai viver com seu marido!

Como era um casal muito jovem, as brigas eram constantes. Mesmo assim os filhos foram se sucedendo. Eu sou o quinto, o caçula. O quarto filho viveu apenas 27 dias, e por isso talvez meu nome seja Bemvindo. Eu tinha que ser bem-vindo, já que o filho anterior não fora e morreu. Mas há várias versões sobre o nome. Uma é essa. Outra é tão-somente a sua origem portuguesa. Outra de que era o nome de um amigo de meu pai, um jornalista do Jornal Amanhã, que morreu atropelado. Acaba que eu não sei a origem do meu nome.

Era hábito colocar os filhos em colégio interno. Então meu irmão Augusto, 20 anos mais velho que eu, foi direto estudar no colégio Granbery, de Juiz de Fora. A irmã seguinte, que era dois anos mais nova que ele, Maria Helena, foi mandada para Muriaé, para estudar na escola interna das freiras de lá. A outra irmã, 8 anos mais velha que eu, Maria Vitória, também foi mandada para internato.

Nasci em Carangola, Minas Gerais, uma cidadezinha próxima à linha de trem. Embora meu pai fosse contabilista de profissão, tornou-se sócio do meu padrinho, que abrira 22 fábricas de entrepostos de leite e laticínios na região da Zona da Mata, região leiteira. Que era também um lugar politicamente feroz, com muito tiroteio, morte, disputa pelo poder. Fomos morar em Faria Lemos, um distrito de Carangola, a 18 quilômetros da cidade, se tanto. Era um lugar de nada, ainda hoje só tem uma rua que vai e outra que volta.

Não havia hospital nem coisa alguma, mas havia Maçonaria em Faria Lemos e em Carangola, onde meu pai foi grão-mestre. Tornou-se também político, foi vereador em Carangola.

Quando minha mãe ficou grávida de mim, como não havia maternidade em Faria Lemos, nós fomos para Carangola, para que eu nascesse lá.

Eram todos cariocas.

O tio foi lá montar as suas fábricas. Era uma luta, precisava disputar a venda dos latões de leite com os fazendeiros locais, fazê-los entender que deviam colocar os latões à venda na porteira, para o caminhão recolhê-los. As estradas eram de barro e o leite não podia estragar, tinha que chegar rápido à fábrica.

Eu fui criado no meio de soro de leite, de coalhada, de fábrica de queijo, de cheiro de queijo Minas, de queijo prato... era uma coisa! Passei muito tempo sem comer queijo na minha vida. Aquele cheiro me enjoava profundamente. Até uma galinha nossa que havia chocado, viu seus 10 pintinhos amanheceram mortos, afogados no soro do leite. Aliás, aquilo pra mim foi uma tragédia!

Meu pai era político naquela região perigosa, a ponto de minha mãe andar com guarda-costas, um capa-preta que andava com metralhadora. Um sujeito tentara matá-la com um furador de gelo por causa da política local. A briga era entre o PSD e a UDN. Meu pai era vereador do PSD, democrata, juscelinista, do governo de Mias Fortes.

Eu achava aquilo de guarda-costas divertidíssimo.

E teve uma cidade lá, Tombos do Carangola, em que o PSD fez o prefeito, o vice-prefeito e o juiz de paz. A UDN foi lá e matou os três.

Em função disso fariam novas eleições. Meu pai me levou junto com a minha babá a Tombos. Ficamos no hotel, único da cidade, para ir ao enterro dos líderes mortos.

Eu tinha uns quatro anos, e aquilo era um perigo. Ele deu ordem à babá para que não me deixasse chegar perto da janela do hotel, porque o enterro ia passar ali na Praça Principal e haveria tiroteio. Ainda assim eu e a babá vimos pela fresta da cortina passarem os três caixões com a bandeira brasileira. Mas sim, o tiroteio entre PSD e UDN comeu feio na praça, tiro pra todo lado. Mais mortos, mais feridos, e nós apavorados naquele quarto de hotel.

Meu dente doía desde o dia anterior, mas ver aquela cena, participar de um faroeste, sabendo que meu pai fazia parte daquilo, que era um herói, foi algo que acredito ter a ver com a militância política que pratiquei mais tarde.

Nascimento da morte

Há um momento na vida de cada ser humano em que toma contato pela primeira vez com a morte, com o trágico, com o que é finito. É desesperador.

Lembro de um documentário que mostrava um macaco morto. Os macacos ao redor ficaram por dias ao seu lado, mexendo com ele, tentando fazê-lo reviver. O mais provável é que não entendiam que estivesse morto, que a morte existisse.

Eu tinha, aos quatro anos de idade, um coelho branco, lindo, de olhos vermelhos. Amava segurá-lo no colo. O coelho é símbolo do inconsciente, e eu então era puro inconsciente, a vida pra mim era eterna, não havia sequer questionamento quanto a isso nem quanto ao contrário disso. Vivia como que num êxtase permanente, brincando com o coelho que eu tanto amava.

Mas o coelho, como as pessoas, não está sempre à disposição da gente, e às vezes o meu ficava parado. Eu queria que ele corresse, queria correr atrás dele no quintal. Sempre que isso acontecia, procurava um pedaço de pau e batia com ele no chão, ao lado do coelho. Quando o bichinho corria ia atrás dele, batendo com o pau no chão, para que continuasse correndo.

Certo dia, em mais uma dessas cenas, tudo aconteceu da mesma forma, apenas com uma pequena, mas trágica diferença. Em determinado momento ele fez que foi para um lado e foi para o outro, e eu errei o alvo, atingi-o na nuca. Morreu instantaneamente. Fiquei olhando sem entender muito bem aquele corpo estirado, mas também me sentindo profundamente culpado. Nunca havia experimentado a culpa, nem tinha idade pra lidar com isso, mas me achava homicida. Estranho!

Eu chorava, eu berrava, entrei em desespero completo. Estranho, quebrara o meu brinquedo, até há pouco estava vivo, mas agora estava morto. Ao mesmo tempo em que a vida daquele coelho era para mim um brinquedo, o fato revelou-se trágico, desesperador.

O bichano era uma alegria, com seu saltitar aprazível e constante, e eu estragara tudo. Como os macacos do documentário, eu tentava fazer reviver aquele amigo, chorava muito, desolado.

Foi meu primeiro contato com a morte, e perpetrada por mim. Não sei se carreguei ou carrego culpa por isso, se me sentia ou me sinto homicida, mas é fato que pela primeira vez tomei contato com minha própria força de destruição, mesmo que não intencional. A um tempo me dei conta de que poderia destruir o próximo ou ver destruído o próximo, algo muito doloroso. Mas talvez não tenha ainda entendido que eu também poderia ser assim destruído.

Isso por certo abriu a possibilidade de, mais tarde, eu matar quase uma dezena de pintinhos, como num brinquedo de morte. Sim, é um episódio posterior, mas fui o torpe autor da morte de pintos afogados.

O coelho fez com que eu saltasse da morte para a vida, porque depois daquele dia a minha existência se ressignificou, talvez por entender, de alguma forma intuitiva, que, como todas as demais, minha alma abriga pulsões, e a pulsão de morte se evidenciou nesse episódio que, ainda agora, me arranca uma lágrima antiga.

Meu pai viajava muito, era aventureiro. Como tinha 22 postos na Zona da Mata e ia visitá-los, me deixava com minha mãe e sumia.

Era uma região de muita tromba d'água. A cidade ficava sem luz, sem comunicações. Minha mãe restava sem dinheiro, sem apoio, sem nada, perdida comigo naquela cidade. A comunicação que tínhamos com o pai se dava por meio de um radioamador.

Ele arrumava uma amante em cada porto, como era muito comum naqueles tempos. Era a família da época, parecida com a família evangélica de hoje, formada pelo marido, a mulher e a amante. Em geral a mulher sabia que o homem tinha uma amante, mas tudo bem, desde que provesse a casa. Meus pais, entretanto, brigavam muito, mas muito mesmo. Brigavam de quebrar a casa toda. E aquelas cenas causavam um pânico enorme em mim.

Até que, em 1951, meu pai brigou com meu padrinho, os dois romperam a sociedade, e voltamos a morar no Rio de Janeiro, para recomeçar a vida lá.

Como toda a família era do Rio, de São Cristóvão, não tive nenhum problema de adaptação. Mas assim que fiz sete anos me enfiaram no colégio interno. Eu nunca entendi o porquê daquilo.

A minha mãe, como boa árabe, se lamuriava, chorava muito. Nesta época em que nos separamos não podia ser diferente. Eu passava sábado e domingo em casa e voltava para aquilo que, para mim, era um inferno, um horror. Ser apartado da minha casa, da mãe, do cachorro, da televisão, do meu mundo. Assistíamos à Tupy, o único canal da época. Depois foi inaugurada a TV Rio.

O meu problema foi aquele colégio interno, por causa da autoridade hostil, a que sempre tive horror. Não tenho nenhum problema com autoridade, desde que ela seja democrática. Mas lá não, a professora batia com a régua na mesa e dava palavras de ordem: "Ninguém sai, ninguém vai ao banheiro! Quietos! Fila, todo mundo!".

Acredito que esse horror à hostilidade trazida da infância influenciou a luta que travei mais tarde contra os militares. Afinal por toda a vida recebemos os influxos do que vivemos na infância.

Desde que eu era muito pequeno, meu pai me dizia que, quando fizesse sete anos, iria para o colégio interno. Eu chorava. A minha irmã era professora do colégio onde fui matriculado, eu me agarrava a ela e dizia:

– Eu não quero ir! Eu não quero ir!

Enquanto para outros meninos era um alívio sair de casa, para mim representava um exílio, algo terrível.

A moça espírita de Varginha

Naquela época eu tinha menos de quatorze anos. Sabia que quando a via me sentia bem, sem entender ao certo o que era aquilo. Um amor platônico, certamente. Tinha um prazer imenso em me encontrar com ela. Mesmo sem namorar, propriamente, a gente ia pro centro espírita de mãos dadas, nos finais de semana.

De certa forma, pode-se dizer que éramos namorados. Mas jamais isso foi estabelecido. Nem lembro se ela era muito bonita. Mas era uma companhia feminina, muito delicada, e eu gostava muito dela.

Finalmente carioca!

Eu tinha seis anos quando o meu pai rompeu com meu padrinho, em Minas Gerais, deixando lá as fábricas e os entrepostos de laticínios, e retornamos para o Rio de Janeiro. Toda a minha família é carioca, só eu nasci no interior de Minas.

Fomos morar no subúrbio de Pilares. Meu pai comprou uma casa num grande terreno, que dava frente para duas ruas, e ali fomos morar. Foi um período extremamente feliz da minha vida.

Foi lá, no subúrbio de Pilares, com aquela gente simples, pobre, que começou a minha formação social, numa compreensão de que não existe separação entre brancos e negros, não existe racismo, não há classe social acima de tudo, inimigos de uma mesma classe. Todos dividíamos a simplicidade de sermos pobres, ainda que minha família não fosse pobre, era de classe média.

Fomos morar lá porque meu pai tinha projetos para aquele terreno. Mais tarde construiu ao fundo dois apartamentos para minhas irmãs.

Era uma época boa. Foi nela que tomei conhecimento do misticismo, com a cabocla Jurema, que era também uma espécie de enfermeira da rua, pois aplicava injeções. Tudo era com ela. Chama a Dona Jurema! Ela era também rezadeira, e rezava com ervas.

Mas ao lado da minha casa morava outra senhora, a Dona Carmem, igualmente tomada por enfermeira. Só mais tarde fui entender que ela era aborteira... uma fabricante de anjos. As moças entravam na casa dela e demoravam para sair. Mas ela tinha no fundo da casa um cômodo dedicado aos santos de umbanda.

E a Dona Catarina, mãe dela, recebia orixás, recebia caboclo, preto velho. Dona Carmem também recebia, também rezava. Assim eu vivia rodeado de misticismo, sobretudo de umbanda, oriunda de uma cultura popular bem brasileira, sobretudo bem carioca.

Muitas vezes minha mãe mandava chamar a Dona Carmem para rezar para mim antes de eu dormir, porque estava agitado, não conseguia pegar no sono.

Bem mais tarde, quando já tinha uns 40 anos, fui visitar Dona Carmem. Ela me perguntou:

– Você ficou bom daquilo?

– Bom de quê?

Ela me disse que quando criança eu tinha problemas para dormir, que falava línguas estranhas, via pessoas. E só sossegava depois que ela rezava. Fiquei impressionado, muito curioso, já que minha mãe nunca tocara no assunto.

Aquilo tudo compunha um conjunto, tornava a minha infância maravilhosa, morando naquela rua sem calçamento e com esgoto a céu aberto. Quando chovia era uma festa, formavam-se poças e a gente punha nelas barquinhos, batéis. Enfim, foi uma meninice de pés no chão, com muitas brincadeiras e muitos amiguinhos, numa palavra: feliz. Um período vivido entre meninos que partilhavam as fantasias de uma infância de subúrbio carioca.

Esse convívio me fez desconhecer o que é preconceito. Do outro lado da minha rua morava um coveiro, pai de uma família de negros. O Ney e o Jorge, filhos daquele homem simples e sisudo, eram amiguinhos de primeira hora.

Mas tarde calçaram a rua e manilharam o esgoto. Que novidade, que diversão era aquilo tudo pra gente! Uma vez calçada a rua, eu andava à noite por ela e suas pedras de granito brilhavam à luz dos postes, de modo que pareciam estrelas. Agora eu tinha estrelas no céu e aos meus pés, mas as via também no céu da minha boca, uma loucura lisérgica, mágica. Caminhava fantasiando, vendo aquelas estrelinhas no chão alternando com as estrelinhas do céu. Provei esse êxtase, essa exultação, essa alegria de viver em família e em sociedade. Mas só entre seis e sete anos, até quando, por tradição familiar da época, me enfiaram no colégio interno.

Então sofri um revés enorme. Imagina, um menino como eu, que, embora esperto e curioso, jamais foi levado ou mal-educado a ponto de precisar ser enviado para um colégio interno...

Eu tinha três irmãos vivos, todos mais velhos. Augusto, vinte anos mais velho, Maria Helena, dezoito anos mais velha, e Vitória, com nove anos a mais do que eu. Por isso, além de caçula eu era completamente apartado dos irmãos, que já estavam todos fora de casa, as duas meninas em colégio interno, uma estudando e outra já dando aulas, e meu irmão em Juiz de Fora, estudando também em colégio interno.

Passava os dias em casa, com a minha mãe, feliz da vida. Mas eles queriam que eu fosse para o colégio interno, para aprender a ser homem, para não crescer grudado à barra da saia. Imagina?

Na segunda-feira eu ia para o Educandário São Geraldo com a Maria Helena, que dava aulas lá, e voltava na sexta. Era um pequeno internato, com dez ou doze internos, e nem era tão desagradável: um ambiente praticamente doméstico. Via minha irmã todos os dias. Mesmo assim sentia muita falta da minha casa.

Lá fui alfabetizado pela própria irmã. Foi um processo encantatório, olhava para aquilo, para aquelas letras, que eram hieróglifos. Logo comecei a soletrar anúncios nos bondes.

Nesta época a Maria Helena estava noiva do Geraldo, que depois veio a ser seu marido. Ele vinha namorar a minha irmã na varanda da casa e minha mãe me punha lá para vigiar o casal. Como o Geraldo naturalmente queria dar seus amassos na noiva, passou a me trazer livrinhos de estórias, das edições Melhoramentos: O rei cego, O burro falante, O cão de olhos de pires... Eu ficava lendo as estorinhas e eles lá, à vontade, como convinha a todos, exceto à minha mãe.

Época de desmistificar Papai Noel, por um lado, e de ganhar medalhas de honra ao mérito no colégio, por outro. Aos oito foi a hora de ouvir de um amiguinho que não era no bico da cegonha que chegavam as crianças:

– O pai e a mãe da gente dormem juntos, daí nascem as crianças.

Não entendi muito bem, acho que nem ele, mas não me impressionei muito com aquilo.

Aos oito anos fui para outro internato, muito maior, no Colégio Santa Cecília, em São Cristóvão, com mais de vinte alunos. Foi nessa época que meu pai comprou um televisor; eu era aficionado por assistir aos programas em casa, o que multiplicava o suplício do internato.

No sábado eu ficava esperando dar 18 horas, que era o horário em que a Tupy entrava no ar. Assistia a tudo até fechar o canal, à meia-noite. Domingo ficava vendo TV. Mas no internato não tinha nada disso.

Perto do colégio morava a minha avó paterna, a portuguesa. Ela também era espírita. Era já bastante velha, pelo menos aos meus olhos; naquela época as pessoas envelheciam mais precocemente mesmo. Minha mãe me levava até sua casa pra que ela rezasse por mim. Minha avó recebia uma preta velha. Faz sentido, uma portuguesa recebendo uma preta velha?

Aquilo me assustava. Estava acostumado com a avó certinha, com o falar da terra natal dela e, de repente, a velha me levava para um quartinho, onde havia só uma vela acesa. Soltava os cabelos (que sempre trazia em coque), fumava um cachimbo, falava uma língua estranha e rezava. Aquilo me enchia de medo, ela parecia um verdadeiro monstro de outro mundo, era um pavor "ser rezado" por minha avó.

Sempre gostei muito de cachorro e, certa vez, rolando com um deles, o bichano passou a pata em mim e com a unha rompeu minha pálpebra direita. Foi uma sangueira e minha mãe, árabe que era, fez um escândalo que só. Como não tínhamos carro, ela me levou de ônibus para o pronto-socorro, para tomar pontos. Me lembro do berreiro no caminho, dentro do ônibus, ela gritando e se lamentando, eu devia era morrer, só dava desgosto pra ela, e eu com um pano na cara, segurando o sangue.

Quando completei dez anos de idade mudamos de Pilares para Governador Valadares. Fomo morar num apartamento, no segundo andar, em um prédio pequeno da Ilha. Deixei Pilares com muita tristeza, era um lugar fantástico, místico. Lá, por exemplo, às seis da tarde as mães vinham todas para a varanda nos chamar para dentro, porque era a hora das almas. A rádio tocava Ave Maria e a gente se pelava de medo de encontrar uma alma penada. Eu entrava em casa, tomava banho, jantava e ficava ouvindo os seriados do rádio, depois a grande novela, que mais tarde foi para a televisão: A Cabana do Pai Tomás.

Naquele tempo, em Pilares, quando a gente aprontava muito e as mães nos queriam recolhidos às casas, elas nos ameaçavam com o temível bandido da região, o Caveirinha.

– Vem pra casa, o Caveirinha mandou avisar que não quer ninguém no meio da rua!

Nossa, a gente temia demais o Caveirinha, devia ser um terror extraordinário.

Um dia o Caveirinha apareceu por lá. Sentou-se num muro. Nós, a criançada, fomos todos ficar à sua volta, curiosos e com medo. Mas quê! O Caveirinha não era de nada, coitado, um batedor de carteira, no máximo, que vivia no Engenho da Rainha, um bairro ainda mais proletário que o nosso. E nós fazíamos perguntas ao Caveirinha. Ele se distraía com a gente, era um jovem que não oferecia perigo nenhum.

Mesmo assim mantivemos nosso medo do Caveirinha.

Foi nessa época que levaram minha irmã, já casada, para o hospital-maternidade. A mãe, com o exagero peculiar a ela e nenhuma psicologia, me repreendeu:

– Para de molecagens, menino! Sua irmã vai ser operada, vão passar uma faca na barriga dela e tirar o neném...

Disse, embasbacado:

– O quê? Vão passar uma faca na barriga da minha irmã?

Imaginava uma faca de serra, dessas de pão. Vivia assim, de delícia em delícia, de susto em susto.

Bem, eu havia completado a quarta-série. E lá, na Ilha do Governador, comecei a me preparar para o exame de admissão ao ginásio.

Entre o Inferno e o Paraíso

Tinha dez anos quando nos mudamos do subúrbio de Pilares, no Rio, para a Ilha do Governador.

A Ilha em 1958 era um paraíso: podia-se dormir de portas e janelas abertas, não havia assalto, não havia crime. E vivíamos em frente ao mar, um mar que ainda não era poluído, podia-se nadar, pescar. Eu passava o dia de sunga.

Como disse, comecei a me preparar para fazer o exame de admissão ao ginásio, o que, para uma família de baixa classe média, era um evento. A família inteira alardeava o fato, o que acarretava uma sobrecarga em mim. Se não passasse seria um fracassado.

Enfim, fiz o exame de admissão ao Colégio Mendes de Morais, na Ilha do Governador, e passei. Fiquei todo feliz, ia aprender francês e outras disciplinas novas.

Acordava cedinho, tomava café e ia a pé para o colégio. Amava a liberdade de ir a pé. Às vezes pegava ônibus, mas, embora ele fosse gratuito a quem estivesse com a farda do colégio, eu gostava mesmo era de andar, curtindo tudo. Aquilo durou um ano, um ano pleno de felicidade.

Então sobreveio aquele desastre, citado acima: meu irmão, vinte anos mais velho que eu, que morava em Varginha, deu a ideia pra família de me mandar para lá. E garantia a todos que cuidava de mim.

Cuidava um catzo! Ele era um tremendo de um chato, metido a meu pai. Eu o odiava com força, e ele mal percebia que eu era um ser humano.

Nada naquele colégio era pior do que a pedofilia, a sexualidade pervertida latente. Não entre os alunos, mas entre os padres.

Lembro muito bem de um deles, o irmão reitor, que tinha uma barriga imensa. Ele ia se achegando à gente, primeiro encostava a barriga, depois ia dando um jeito de se aproximar do resto do nosso corpo. Era um baixinho, seboso, asqueroso.

Mais asqueroso ainda era o irmão enfermeiro, um corcunda...

Essa gente abusava, assediava sexualmente a todos nós, sobretudo alguns de nós. E nós não sabíamos como reagir. No início pensávamos: "Deve ser assim". Era muito difícil imaginar, a princípio, que aqueles homens respeitáveis, homens de Deus, estavam se aproveitando da gente. Eu ruminava: "Deve ser um equívoco meu, na verdade isso não está acontecendo, ele está passando a mão na minha bunda, mas é por acaso... botou a mão nas minhas costas e a mão foi escorregando, escorregando e chegou na bunda".

Até que um dia fiquei doente e tive de ir para a enfermaria. A primeira atitude do irmão enfermeiro foi pôr o meu pinto pra fora da calça, querendo me felar, supostamente pra saber se eu estava doente ou não. Naquele instante ficou explícito para mim que se tratava de fato de assédio sexual. Me desvencilhei do corcunda, naturalmente.

Era um terror. Mas, claro, nem todos os padres eram assim. Alguns deles tinham mulheres na cidade. A gente sabia disso e ria:

– Lá vai o irmão encontrar a mulher dele.

Quando ficou evidente o assédio sexual, escrevi para minha mãe: "Mãe, o caso aqui é feio, os padres abusam da gente, passam a mão na gente".

Minha mãe pegou um trem e foi para lá, reclamar. Mas ela era uma mulher de poucas luzes, de quarto ano primário, e eles eram autoridade religiosa – a palavra deles era a palavra de Deus. Uma hipocrisia sem fim.

A minha mãe foi conversar com o reitor, que era um dos pedófilos. Ele defendeu-se, irritado:

– Isso é um absurdo! Fantasia de criança!

Minha mãe fez a queixa, mas me deixou no colégio. Antes de ir embora, apenas me disse que não ia acontecer mais.

Foi então que tudo piorou. Passei a ser o dedo-duro dos padres, que começaram a me perseguir. Sofria *bullying* deles. Fui marginalizado por ter denunciado sua pedofilia. *Sua* entre aspas, porque havia pedofilia também dentro da cidade de Varginha.

Havia lá uma família tradicional, a mais rica da cidade, que contava entre os filhos com um homossexual. Este vivia a vida dele, era discreto, mas todo mundo sabia de sua opção.

O rapaz e seus primos se juntavam ao diretor de uma companhia alimentícia internacional, que tinha um Jipe, para fazer encontros. Nos finais de semana o tal diretor aparecia no colégio para levar os alunos mais velhos para dar uma volta de Jipe. Carregava-os para o hotel em que morava e, lá, passavam o dia na pedofilia.

Meus colegas faziam o jogo. Voltavam carregados de presentinhos, bombons e muito mais. Eu sabia que aquilo não estava certo, e caí na besteira de dizê-lo. Conclusão: além da perseguição dos padres, passei a ser perseguido pelos pedófilos da cidade. Afinal, era um lugarejo pequeno e conservador, cuja família mais rica não podia ser denunciada como pedófila.

Nas folgas de sábado ou domingo, quando eu poderia sair do internato, acabava tendo de ficar lá porque eles queriam me bater.

Depois da denúncia de minha mãe, chegou julho e fui para rodoviária, levado por meu irmão, para descansar em casa. De dentro do ônibus vi o irmão reitor conversar com meu irmão, que olhava para mim com muita raiva. Não entendi.

Alguns dias depois meu irmão apareceu lá em casa e me denunciou para minha família. O irmão reitor havia-lhe dito que eu era homossexual, que tinha um garoto com o qual vivia no troca-troca. Minha situação era limítrofe, tendo de me defender daquilo diante de toda a família, diante do irmão mais velho que me invejava imensamente porque eu, como caçula, era melhor tratado que ele.

Com todo esse inferno de hipocrisia, tanto dos padres quanto da cidade pequena, comecei a me atrasar nos estudos. Não queria e não conseguia mais estudar, era reprovado. Neste contexto comecei a me revoltar contra a religião católica, principalmente devido à autoridade hostil e punitiva daqueles padres.

Um belo dia, aos quatorze anos de idade, a família me informou que não iria mais ficar mais em Varginha, voltaria a morar na Ilha do Governador. A gente morava num apartamento que distava da praia apenas cinco ou seis metros, a largura da rua. Senti-me liberto.

Mal podia adivinhar o tamanho da tragédia que me esperava.

A luz que nunca se apaga

Quando tinha mais ou menos 16 anos realmente ganhei consciência política. E aos 17 tentei costear o alambrado, digamos assim. Era jovem e queria pensar em outras coisas, não só em política e militância. Isso pouco antes do golpe militar.

Comentei isso com alguns companheiros, e um colega mais velho me disse:

– Bemvindo, a consciência é uma luz que nunca se apaga.

E é verdade. A partir do momento em que você ganha consciência política nunca mais consegue viver sossegado, em paz, porque não vai fazer de conta que isso não existe, enfiando a cabeça na terra como avestruz.

Você pode estar fazendo outras coisas, mas vê tudo politicamente. Não consegue mais ter outra visão de mundo, mesmo que a negue. Mesmo que diga não vou fazer mais nada, não quero saber de mais nada, não quero ler jornal, não quero ouvir notícia, a consciência está permanentemente crescendo, iluminando seu caminho. Acabaram-se as trevas, não há mais lugares escuros quando você ganha consciência política. Tudo vem à tona, fica claro, acusa, denuncia, tudo é demonstrável – e isso é uma dor.

Fernando Pessoa compôs um verso que diz: "Só os inconscientes são felizes". Aí ele pergunta: "São ou não, o que é ser sem o saber?".

O inconsciente vive em um estado de alienação, não sabe o que é a grave violação do mundo. Ele diz: "Está tudo bem, está morrendo gente do meu lado pela pandemia, está morrendo gente assassinada, há pessoas passando fome, mas eu, EU estou bem. Então está tudo bem".

Só os inconscientes são felizes, a consciência não traz felicidade. Mas a consciência é a luz que nunca se apaga.

Adelaide

Tio Anísio havia sido padre. Um dia se apaixonou por uma mulher em São Paulo, casou-se com ela e foi excomungado pelo Papa Pio-XII. Teve duas filhas. Depois abandonou a mulher e as filhas e foi dar aulas no Rio de Janeiro, no Colégio Santo Antonio Maria Zaccaria, instituição religiosa. Embora excomungado, posava de grande católico, de bonzinho, inclusive. Mais tarde casou-se com uma tia minha.

As filhas abandonadas passaram perrengues; uma delas se casou com um pedreiro, foi viver na periferia, muito pobre.

A outra conseguiu, sabe-se lá por quais dotes, um emprego municipal na Prefeitura de Adhemar de Barros. Morava numa quitinete em São Paulo. Era uma espécie de sobrinha da nossa família, já que era filha de um homem casado com uma tia que tinha nosso sangue.

Na época em que nos mudamos para Varginha para que minha mãe pudesse se tratar em São Paulo, conheci a tal sobrinha. A mãe e eu íamos para a capital paulista para os tratamentos dela, e nos hospedávamos na casa dessa aparentada. Ela cedia a sua cama para minha mãe e dormia ao meu lado, no sofá da sala. Acontece que só uma cortina separava o assim chamado quarto da assim chamada sala.

Minha mãe a tranquilizou:

– O Bemvindo é muito bobo, não se preocupe, pode dormir sossegada.

Ela não parecia preocupada com isso. Afinal ganhava um garotão de quinze anos, praticamente virgem, que de sexo só experimentara a fricção.

Bem, deitamos e eu, embora feliz da vida com aquele cheiro de mulher, por fim adormeci embevecido. Já de madrugada sinto algo diferente e acordo. Ela tinha posto parte de sua perna sobre a minha pélvis, aparentemente de forma involuntária, dormindo. Aquilo me pôs imediatamente a mil. Fingindo tentar me desvencilhar da perna fui serpenteando de forma a ficar ainda mais colado ao corpo dela, morrendo de medo, claro, e tremendo de emoção.

Aos poucos a respiração dela a traiu, começou a acelerar. Foi ficando claro que ela queria tanto ou mais do que eu uma transa. Mas a situação era constrangedora, só havia uma cortina entre nós e minha mãe, que claramente dormia um sono profundo.

Quando tudo se encaminhava para o momento que eu mais esperava, ela se virou e voltou a fingir que não era nada. A essa altura não só meu membro, mas todo meu corpo latejava. Fui me esgueirando lentamente para ir ao banheiro me aliviar. Mas na movimentação não resisti e passei meu rosto bem rente às costas dela, pra sentir ainda mais o seu cheiro. Ela havia adormecido, ou pelo menos parecia ter voltado a dormir. Isso me encorajou a acariciar sua a coxa levemente e, aos poucos, achei que não haveria mal algum em apalpar a base da bunda, que estava pra fora do pijama curto de seda.

Ela se movimentou e eu me assustei. Mas logo entendi que queria me agarrar. Nos desnudamos em segundos e penetrei na vida...

Mais tarde compreendi a *mise en scene* da moça, ela por certo fez o possível para chegar àquele desenlace. E mais, compreendi que minha mãe, por certo, contribuiu para que tudo acontecesse. São muitos os mistérios, mas tudo vai se aclarando.

Várias vezes fomos a São Paulo cuidar do tratamento da minha mãe. Tantas foram as noites no sofá da Adelaide! Ela tinha o dobro dos meus quinze anos, e isso só aumentava meu interesse. Por sorte nunca confundi as coisas, não me apaixonei, mas jamais esqueci de homenageá-la vida afora.

Uns três anos depois me mudei para São Paulo, morei uns sete meses lá. E aí voltei a visitar a Adelaide. Porém houve muita ocasião em que tive de esperar a vez, esperar algum velho ir embora. Adelaide se servia de seus dons para todos os fins.

Desde que saí de São Paulo nunca mais a vi. Uma pena. Fantástica a Adelaide, a filha do Padre Anísio!

Doença e morte de minha mãe

Era final de 1961. Eu viera passar as férias de verão no Rio de Janeiro. Estava feliz na minha casa à beira-mar, o apartamento em Governador Valadares. Era o meu reencontro com o cheiro do mar nas manhãs de verão, belíssimas. O céu azul, o cheiro da maresia, as castanheiras à beira da praia, o ar bucólico dos dias... No final de semana a praia enchia de gente, mas durante a semana era o silêncio natural de uma rua à beira mar. Foi nesse clima de êxtase que recebi a notícia de que eu não iria mais voltar para o colégio interno, ficaria morando na casa de meus pais.

Aquilo pra mim foi o Sol, a iluminação da Felicidade. Poder ficar na casa da minha mãe e meu pai, sentir o cheiro deles, seu calor, voltar a ver televisão todo dia, comer a comida da mãe, voltar a brincar com os amigos que havia escolhido, e não os impostos pelo colégio interno, que pra mim mais parecia uma penitenciária. Foi um final de ano incrível, mesmo sabendo que a mãe tinha uma cirurgia marcada para fevereiro.

Mesmo assim vivi a estupefação da vida simbiótica entre mim e a água prateada do mar, passando os dias inteiros na praia, ora mergulhando, ora passeando, sempre me distraindo, sorrindo de pura felicidade.

Chegou fevereiro. Minha mãe fez a cirurgia para retirada de um mioma. O Dr. Dantas, médico da família, ouvira por anos as queixas de dor nas costas dela, mas fora incapaz de relacioná-las ao mioma. Ao contrário, atribuíra-as a um problema na coluna e a fizera usar um colete de aço por um ano, mas as dores não passavam, claro. A couraça metálica dele apenas aninhava um cancro. Quando o mioma foi localizado, já havia evoluído para câncer, e além do útero já tomara a bexiga, onde se instala um dos cânceres mais dolorosos que existe.

Naquele tempo eu não sabia de nada disso, continuava lá, feliz da vida. Minha mãe retornou e fiquei aguardando que ela fosse melhorando com o tempo. Mas aconteceu o contrário, as dores só aumentavam.

Já falei do meu irmão mais velho, o Augusto, contumaz portador de más notícias, uma pessoa de cuja relação comigo eu só posso me lamentar. Mais à frente tentei retomar o relacionamento com ele em melhores condições, mas era muito mais velho, turrão, difícil. Nunca me assimilou, nunca me entendeu. Só depois que fiquei famoso como o Bafo-de-bode na novela Tieta, da Globo, é que se orgulhou de mim, gostava de me apresentar. "Ó, é meu irmão!", agora falava orgulhoso. Na pequena cidade onde morava, Gruararema, em São Paulo, ficou conhecido como O Irmão do Bafo-de-bode.

Até então o único papel que me coubera fora o de ovelha negra da família. Afinal, para uma família burguesa, "dar certo" é você ter um emprego, casar-se, ter filhos, viver bem, ganhar dinheiro, comprar carro, apartamento. É como se houvesse um algoritmo que dita, com fatores externos, se você é feliz ou infeliz. Quando o que acontece é outra coisa, dar certo depende da abstração de cada um, abstração única e que, portanto, só pode ser satisfeita de uma forma singular, única também.

O que conta é você ter uma história para contar e para deixar, essa sim é sua – aliás, só ela é sua. O seu apartamento está emprestado para você, com o tempo o dono será outro. A sua história não, essa é a única realmente sua.

Pode ser história de grande êxito político ou artístico, um grande sucesso público, mas pode ser a de um excelente pai, uma excelente mãe. Há muita história fantástica de cidadãos comuns. Triste é quando não se tem nada de importante para contar. Esse sim é o fracasso absoluto, e não os três reais que você guardou.

Quando você morrer, ninguém vai amarrar seus bens ou seu dinheiro ao seu caixão, mas a sua história pode continuar existindo, pode ganhar asas.

Bem, aquela vez, este meu irmão muito amigável, muito afável me convidou para dar um passeio à beira-mar. Quando passávamos pelas amendoeiras que eu tanto amava, começou a falar:

– Você sabe, a mamãe fez a operação. Você já é um homenzinho *(para isso eu era um homenzinho, para todo o demais era tratado por ele como uma criança)*, é o seguinte: nossa mãe está com câncer, no estágio quatro, não tem cura. Ela vai morrer. Ela não sabe, não deve saber, temos de fazer de conta que é apenas uma cistite.

Narrou tudo aquilo de uma maneira muito fria. Acabei recebendo suas informações entre abúlico e chocado, sem entender como uma mulher como minha mãe, aos 48 anos de idade, estava condenada à morte. Foi como se a tarde se fizesse noite em segundos. Adeus férias, adeus felicidade. Tudo ficou com o tom nublado que recobria meus olhos.

Assim como as famílias fazem teatro fingindo não saber que o filho é gay, ou que o patriarca tem amante, que a filha se droga, que se dá a quem queira, dissimulam também não saber de uma doença terminal. Mas, tal como nos outros casos, todos sabem de tudo.

Chegou o período de aulas e eu retornei ao colégio Mendes de Morais, para o qual havia prestado o exame de Admissão. Lá a diretora, Dona Maria Amélia, gostava muito de mim. O problema é que era uma lacerdista de quatro costados, uma mal-amada, e eu já era um adolescente de esquerda, iniciado, ora vejam, em Varginha. Mas ela era gentil, boa de conviver, afinal. Eu andava desamparado, era muito doloroso para mim saber do sofrimento da minha mãe, achava aquilo tudo injusto, sem sentido. Por que minha mãe teria de sofrer tanto e morrer? Ela gritava de dor, e eu me consumia na obrigação de disfarçar, não demonstrar a ela minha comiseração.

Nessa época meu irmão estava noivo da futura esposa, uma moça rica de São Paulo. Com o auxílio dela colocamos nossa mãe em tratamento oncológico na capital paulista.

Eis que, para ficar mais perto de São Paulo, onde minha mãe se tratava, a família inteira muda, em julho de 1962, para Varginha, como já mencionei. Meu Deus do céu, lá volto eu para o colégio marista que tanto odiava! Por sorte agora como externo, e não como interno.

Seis meses antes eu vivia o prazer máximo. Agora todo o inferno havia voltado, agravado pela dramática situação de minha mãe, que a cada dia gritava mais e mais alto de tanta dor.

Para o meu pai, acima de tudo, aquilo era uma grande provação. Trabalhava o dia inteiro e passava as noites com a mulher naquela situação. Isso enquanto se desfazia do patrimônio para sustentar aquele tratamento.

Eu tinha de evitar abraçar minha mãe, para não dar bandeira. A minha situação não se comparava à dela, naturalmente, mas não era nada fácil. Fui me tornando frio, por necessidade, como forma de defesa contra o insuportável.

Em janeiro de 1963, treze meses depois de eu ter recebido a notícia e onze meses depois da primeira cirurgia, minha mãe faleceu.

Foi um dos períodos mais escuros de toda a minha vida, o qual enfrentei como pude, acima de tudo tentando me manter alienado, procurando formas de não ter de pensar, de não viver aquilo vinte e quatro horas por dia.

Lembro bem. Meu pai recebeu a notícia e corremos todos para o hospital. Fui sem entender o que estava acontecendo, até que o médico me deu os pêsames.

Oito dias antes, último de 1962, minha família ainda conseguiu trazê-la à mesa conosco, apesar da debilidade, quase sem enxergar mais. Dois dias depois ela entrou em coma. No dia anterior ao da morte eu entrei no quarto e, por alguns instantes, ela saiu do coma e fixou o olhar em mim. Apenas um olhar, mas quanta densidade naquele momento, quanta comunicação. Era quase como se ela se desculpasse por ter de me deixar, porque o fardo de permanecer viva daquela maneira era demais para ela. Até hoje, quando algo diferente me acontece, ou quando me encontro em alguma aporia, lembro daquele olhar, que era nada, mas foi tudo.

Coube a mim, na condição de kardecista, encomendar a alma desencarnada de minha mãe, juntamente com a irmã mais velha.

Esse foi o momento mais sublime, em que a dor foi compensada de alguma maneira. Mas houve dois momentos chocantes, que contrastaram com aquele. O primeiro foi quando trouxeram o caixão e o abriram, com a mãe dentro. Meu Deus! Vê-la inerte como antes, na cama, era uma coisa, pois ainda era ela. Mas dentro do caixão já era pura matéria perecível. Aquilo me traumatizou fortemente, mas senti a necessidade de segurar o choro, como tinha me acostumado a fazer por todos aqueles meses em que não podia me exprimir perto dela, para não denunciar o que realmente estava acontecendo. O segundo momento foi no cemitério, quando abriram o caixão e a vi novamente. Pior, começaram a jogar cal no corpo da mãe. Como? Que desrespeito! A revolta me invadiu e me fez explodir em choro convulsivo, que não se aplacou nem quando cheguei em casa. E toda vez que lembro dela no cemitério as lágrimas me vêm, como me vieram agora.

Veja que a morte de minha mãe se deu num momento complicado da minha existência, em plena adolescência, hormônios explodindo, enfrentando o complexo de Édipo, confrontando o Laio, que era meu pai.

E quando eu, de volta do cemitério, me desfazia em lágrimas no meu quarto, sem conseguir entender como as outras pessoas da casa não estavam assim, o meu pai entrou e me ordenou que me compusesse, pois a vida continuava. Nunca senti uma raiva tamanha dele. Quando mais precisava de um abraço paterno, que meu pai lamentasse comigo a perda da pessoa mais importante de nossas vidas, ele me censurava?

Desde então a morte não desperta em mim outro sentimento que não o de revolta e raiva, raiva da morte. A minha revolta contra o sistema, a minha luta política, por certo, teve e tem muito a ver com esse episódio tétrico dos meus quinze anos.

Ah, claro, perdi o ano no colégio. Fui reprovado.

Defunta importante

Quis o destino que minha pobre mãe acabasse enterrada em Varginha. Afinal, foi lá que ela morreu, e minha família sempre teve alguma ligação com aquele lugar.

Há pouco mais de vinte anos fui a Varginha e procurei o cemitério, para ver o túmulo de mamãe e tratar do traslado dos restos mortais dela para o Rio, já que os laços da família com aquela cidade não existiam mais.

Além do mais o cemitério já estava lotado. Seria importante, talvez, abrir uma vaga.

Qual não foi minha surpresa diante da reação do zelador do cemitério!

– Não, de jeito nenhum, por favor, deixe ela aqui, ela é a mãe do Bafo de bode! É uma honra a gente ter aqui uma defunta tão importante, mãe do ator da Globo. E ela está enterrada ao lado do herói de Varginha na Guerra do Paraguai, o João Paraguaio. Já ouviu falar dele?

Eloi Mendes-MG

Logo depois da morte de minha mãe, em 63, meu pai mudou-se para Eloi Mendes, perto de Varginha, onde foi organizar uma cooperativa de produtores de leite. Se Varginha, com seus trinta mil habitantes era tão entediante, imaginem Eloi Mendes, com cinco mil.

Fomos os dois, apenas eu e ele.

A barra foi muito pesada para mim. Um garoto de quinze anos, recém entrado na vida sexual e com hormônios pulando do corpo, um garoto cosmopolita, que já havia sido flagelado pelo horror de Varginha, tendo perdido recentemente a mãe, passar a viver com um pai com o qual jamais conviveu.

A cidade pode ser descrita numa só palavra: tédio. Tinha um único cinema, que fazia uma única projeção por dia, e a assistência precisava levar a cadeira para se sentar. Depois da sessão, pelas dez, dez e meia da noite, aquela população no meio da neblina, carregando cadeiras, era fantasmagórico.

Era tão ermo que sequer chegava sinal de TV lá. Em Varginha chegava, podia assistir à TV de São Paulo, pelo menos essa, com o Silvio Santos e a Hebe Camargo na tela. Mas em Eloi Mendes o que havia era o silêncio.

O provincianismo, o conservadorismo e a mediocridade que encontrei lá fácil se imagina, nem é preciso relatar. E, claro, o falso moralismo, a religiosidade... uma coisa constrangedora. E novamente fui posto num colégio de padres, padres salesianos.

Sofria depressão de um lado e confrontava meu pai de outro. O desespero era tanto que um dia saí a pé e andei os dezoito quilômetros que separavam Eloi Mendes de Varginha. Sem avisar nada a ninguém. Quando cheguei à casa de minha irmã, que havia mudado para lá também, fui recebido pelo irmão mais velho com um murro na cara. Soco de homem. O covarde me enfiou num carro e me levou de volta para casa.

Meu ato heroico de fuga terminou nessa farsa familiar abjeta, e eu mergulhei numa depressão desgraçada.

Uma vez por semana tinha o refrigério de ir de jardineira para Varginha, participar das reuniões com meus gurus, os que me tiraram do espiritismo para o socialismo, o jornalista Célio Segundo Salles e o Garroni, herdeiro do Hotel Central. Sim, foram aqueles que me iniciaram na política no Rio de Janeiro, por meio de uma carta de recomendação. Grandes homens.

Por meio deles estive em mesas oficiais ao lado de Leonel Brizola, do Padre Alípio, quando defendia o socialismo com muito fervor, embora sem nenhum preparo ou leitura adequada. Tudo isso porque a UBES me acolheu como diretor, baseada na carta que eles datilografaram.

Haviam feito aquilo por amor. E só faz quem faz por amor, o demais não conta.

Um nó na garganta

Aos meus 18 anos, meu irmão mais velho, o Augusto, decidiu que precisava dar um rumo para minha vida. Me enquadrar na família tradicional, no sistema. Ele, que se arvorava meu patriarca, era casado com uma mulher muito rica, cujo pai era sócio do Banco Português do Brasil (mais tarde adquirido pelo Itaú). O sogro empregara Augusto como programador de um projeto do banco, de estrutura de informática.

Por isso, meu irmão decidiu que eu teria de ir para São Paulo, fazer um curso de Cobol, uma linguagem de computação, a Common Business Oriented Language. O nome já diz tudo, não é?

Em pleno 1966, me vi de terno e gravata, em São Paulo, vivendo coisas que não tinham nada a ver comigo, aquele sistema de trabalho paulista, acachapante. Mas fiz o curso, trabalhava horas infindas com aquele nó na garganta.

Havia um computador imenso lá. Ocupava uma sala inteira, coisa de filme, mas, à época, tinha a incrível capacidade de 1,5 mega de memória. Para acessá-lo devíamos trabalhar de guarda-pó branco e em temperatura controlada de 19 graus centígrados. Hoje compra-se na Internet pen-drives de mais de dois mil megas por uma bagatela. Mas na época aquele computador deixava as pessoas orgulhosas, por sua capacidade "monstruosa".

Passei seis ou sete meses no inferno refrigerado. Afinal, agora eu era adulto e estava empregado, ganhando um bom dinheirinho. Até que um dia me paramentei com o terno e gravata de sempre, saí para o trabalho, mas tomei outro rumo. Nunca mais apareci naquela merda. Nem sequer pra dar baixa na carteira.

Fui para uma praça pública, juntei uns malandros que eu conhecia e fundamos um movimento Beatnik, baseado nas ideias dos jovens inconformistas novaiorquinos dos anos 1950. Mas a gente tinha apenas uma ideia remota do que era aquilo.

Havia um outro grupo Beatnik em São Paulo, que usava droga, enquanto nós, não. Talvez por isso eles fossem mais fiéis aos originais, como o Kerouac. Não sei.

Andávamos pela rua de madrugada, recitando poesias, dormindo ao relento. Fiquei uns quinze ou vinte dias assim em São Paulo. Foi ótimo, escandalizávamos a classe média entrando nos restaurantes, em andrajos. Eu ainda estava com o mesmo terno. Podia ter voltado ao apartamento em que morava para trocar de roupa, mas não fui.

Entrávamos no restaurante e pedíamos comida, subíamos em lixeiras pra declamar poesias. Acabei conhecido como o Poeta.

A polícia nos reprimia. Mas na verdade ela nos reprimia por causa das meninas, que achava que fossem prostitutas. O delegado nos mandava prender, mas era para ficar assediando as garotas. Sei lá se chegava a rolar qualquer coisa, acho que não.

Depois, principalmente em função do outro grupo, que usava drogas, a repressão foi apertando tanto que acabamos decidindo emigrar. Demos um jeito de conseguir nos mudar para o Rio de Janeiro, nos instalamos em Santa Teresa. Mas aí, estando no Rio, acabei abandonando os parceiros e fui viver em casa, com meu pai. No Rio eu era ligado à luta política, não dava pra misturá-la com o movimento de Kerouac e Guinsberg.

Recusa e aceitação da comédia

1972 foi um ano marcante para mim, por ser o ano em que me descobri comediante. Neste ano fiz minha primeira comédia, em Salvador, na Bahia.

Quando jovens, com raras exceções, os atores costumam adorar os papéis dramáticos. Querem fazer papel de louco, de bêbado, de vilão, de galã. Querem o drama!

Isso provavelmente se dê porque a sua vida é muito complexa ainda, o jovem não tem a noção do trágico, não viveu a tragicidade. Está mais para Eros do que para Tânatos.

Assim, o jovem, em geral, quer fazer drama. Se repararmos em grupos amadores, alternativos, eles montam drama, drama e drama, com raras exceções fazem comédia.

E eu era jovem em 1972. O Teatro Vila Velha havia sido reconstruído e o plano de ir aos Estados Unidos havia gorado completamente, relegado ao delírio. Fiquei convencido de que o João Augusto havia me feito aquela proposta apenas pra me seduzir, por saber que eu era muito bom ator, o que percebeu antes de mim. Eu era o que ele precisava para realizar os seus projetos de Teatro Popular. Um ator muito bom e marxista.

Na técnica de direção ele ia além do que o Brecht havia proposto, que era que o público visse, a um tempo, o ator e o personagem. João Augusto propunha que o público visse a pessoa, o ator e o personagem. Três máscaras a serem gradativamente tiradas. Ou, se quisermos, duas máscaras a serem descartadas para mostrar a pessoa.

Para tanto usava técnicas como a de fazer os atores trocarem de roupa, pôr o figurino e se maquiarem em cena, e não no camarim. Isso na época era uma ousadia muito grande.

Ele resolveu reinaugurar o Teatro reerguido com uma adaptação dos folhetos de cordel para o teatro. As trovas (o cordel) eram a especialidade dele, que vinha se debruçando sobre o tema. Já tinha feito Gil Vicente. Aí montou o espetáculo chamado Cordel 2, com cinco ou seis estórias, tais como: A mulher que se casou 38 vezes; Antonio, meu santo; O vaqueiro que não sabia mentir.

Então me pôs no elenco, claro. Mas era uma comédia, era o grotesco, e eu tive uma resistência gigantesca:

– Eu não sou comediante, não sei fazer comédia, vai ser um horror, uma desgraça, um fiasco!

Formávamos um grupo grande, de 18 atores, chamado Teatro Livre da Bahia. Fora constituído por dissidentes da Escola de Teatro da Bahia, os quais haviam se reunido, João Augusto incluso, no grupo Teatro dos Novos, que tinha Othon Bastos no elenco e várias outras pessoas importantes para a dramaturgia baiana. O Teatro dos Novos acabou, com seus integrantes indo para São Paulo e Rio. João Augusto juntou-se com Sônia dos Humildes, Nildo Spencer e Nonato Freire nesse novo grupo, o Teatro Livre da Bahia. Sônia, Nildo e Nonato foram se afastando e João passou a dirigir sozinho o Teatro Livre da Bahia, dando-lhe um novo caráter, uma nova feição, até montar o Cordel 2.

Em minha rejeição à ideia de ser comediante, por não acreditar que poderia ser engraçado, tinha medo, pânico. Mas, afinal, estreamos.

Não só a peça foi um sucesso, como a minha atuação arrancava inúmeras gargalhadas da plateia. Isso para mim foi um desabrochar, uma descoberta! Eu tinha 24 anos de idade, era um ator dramático, tinha feito O Assalto. Agora me descobria um ator popular de teatro de comédia – foi inesquecível. Os colegas diziam:

– Tá vendo? Nós falávamos que você era engraçado, só você não sabia disso.

Achei aquilo maravilhoso. Afinal, o que que é ser engraçado? É ser cheio de graça, abençoado, é trabalhar com a vida em vez da morte. O humor é o ápice da vida, é a alegria, que é o ápice do erotismo. Quando a gente transa fica alegre, quando conquista algo fica alegre. O humor é um ícone da vida, a vitória de Eros sobre Tânatos.

A esta altura o público já me via como um baiano, pois o fato de eu ter vindo do Rio já estava sublimado. Aquilo me alegrava, eu confirmava que era baiano. Até porque isso me ajudava a me esconder da ditadura.

De fato, nessa altura já me sentia integrado à Bahia. O mar, que representava tanto para mim lá na Ilha do Governador, agora não menos, em Salvador, era um elo. Mergulhar no Porto da Barra, no *point* de Salvador, era como me religar, refazer os vínculos e o sentido da possível inteireza de minha vida. Isso aconteceu concomitantemente à descoberta da comédia, que será importante, central na minha existência. Até porque mais tarde, quando sofro uma grande repressão policial, e entro numa profunda depressão, é o humor que me salva, que me devolve à vida.

Mais tarde descobri que não sabia fazer drama. Eu pensava que sabia, mas era só porque, como jovem, acreditava que isso era o essencial para um ator.

Ainda em 1972 montamos "A Morte e a morte de Quincas Berro D'água", com grande sucesso. A remontamos depois em 1976, quando foi selecionada para participar do Festival de Caracas, do qual falarei mais à frente.

A essa altura, portanto, já era um ator de comédia, me via como tal, era aplaudido em cena aberta e acabei ganhando o prêmio de melhor ator do ano. Nada mal para quem havia vivido famelicamente o ano anterior, de 1971.

Um ano em quatro peças

Em 73 a gente faz uma nova montagem de cordel, agora chamada cordel 3, com novas histórias e também dirigida pelo João Augusto. Foi um ano muito prolífico, porque participei de Cordel 3, Os sete pecados capitais, O cão siamês e Medéia, de Eurípedes.

Na Bahia daquele tempo as peças não ficavam meses em cartaz, mas apenas 3 semanas. A gente ensaiava 3 meses, das 18 horas até 4 horas da manhã, já que o Teatro Vila Velha ficava à disposição do João Augusto. Ele podia ensaiar as peças até a hora que quisesse.

E era muito curioso e louvável o esforço dos atores, porque a maioria deles tinha de trabalhar em outros empregos no dia seguinte. Saíam do teatro às 4 horas da manhã e às 8, 9 já estavam em outro emprego, para labutar o dia inteiro e voltar às 6 da tarde aos ensaios.

O João tinha uma energia sobre-humana para dirigir. Enquanto eu estava morto de cansado de madrugada, ele se mantinha acesíssimo. Às vezes tinha umas crises de gastrite, caía no chão, se batia, se dobrava de dor. De repente melhorava, voltava do camarim sorridente e cheio de energia para trabalhar o resto da madrugada.

Só muitos anos depois vim a saber que ele era dado ao pozinho branco, e que aquelas crises de gastrite eram na verdade crises de abstinência. Eu era muito ingênuo em relação às drogas, nunca passou pela minha cabeça que ele fosse usuário de cocaína.

Sempre fui contra, nunca gostei de drogas, sobretudo por causa da luta contra a ditadura. Eu não podia usá-las: se fosse pego com drogas dava um motivo para me espancarem, me acusarem de drogado ou até de traficante, e ao mesmo tempo me perseguirem politicamente, por trás disso. E aí não teria apoio da sociedade, que era muito moralista à época. Por causa disso não gostava andar com quem usasse drogas, queria evitar qualquer tipo de flagrante desagradável. E acabei indo morar justamente com um sujeito que fazia uso de cocaína. Mas eu só vim a saber disso depois da morte dele. Uma amiga me disse:

– Não sabia disso Bemvindo? A Bahia toda sabia que ele cheirava.

Eu ignorava que ele era cheirador e todo mundo achava que eu cheirava também, porque tinha rinite alérgica e estava sempre coçando o nariz. Carioca, cheio de energia e morando com o João Augusto... Me perguntavam:

– E aí Bemvindo, cadê o branco?

Eu pensava que estavam falando de Oxalá, da cor branca de Oxalá.

– Na sexta-feira, eu respondia.

Chegava a sexta e no bar eles iam me cobrar o pó; acabavam pensando que eu estava sacaneando, mas quê!

Um certo dia entrei no quarto do João, abri a cômoda dele e encontrei uma caixinha de metal. Fiquei curioso, abri e vi que tinha nela um pó branco. Era a droga, lógico. Mas eu não conhecia e perguntei a ele o que era aquilo. João, sabendo que se eu soubesse que ele usava drogas sairia imediatamente do apartamento e talvez até rompesse minha relação com ele, me respondeu:

– É pemba, é pemba de Oxalá.

– Que ótimo!, disse.

Peguei o pó e comecei a fazer o sinal da cruz com ele no peito, nas costas, nos punhos, nas mãos, na cabeça, na testa. Saí pela rua todo pintado de cocaína, achando que aquilo era pemba de Oxalá, tamanha a minha ingenuidade.

Depois do Cordel 3 montamos Os sete pecados capitais, que João adaptou para o teatro baseado no balé homônimo do Bertolt Brecht. Montamos em Salvador e depois em Recife, esta peça.

Na sequência, ainda em 73, fiz *O cão siamês de Alzira Power*, do Antônio Bivar, mas com a direção de Manoel Lopes Pontes. E também Medeia, de Eurípedes, com direção de Álvaro Guimarães.

Foram quatro espetáculos em um ano, portanto. Eram dois meses ensaiando e umas três semanas em cartaz. Às vezes montávamos a peça por mais uma semana em outro teatro, porque não havia um teatro profissional de atividades constantes em Salvador naquela época, já que não havia público suficiente. Você ensaiava o espetáculo 2, 3 meses, um sacrifício imenso, a pão e água, sem receber salário, para ficar em cartaz três semanas, ou duas ou três temporadas de duas semanas durante o ano.

Vale dizer que Medeia foi um desastre para mim. Eu não tinha nada a ver com tragédia grega, não adquirira nenhum conhecimento dela. Fazia Jasão. Mas às vezes penso que não passava de uma ameaça em cena, brandindo uma espada de madeira que imitava ferro. Os atores tinham que sair da minha frente porque eu era uma ameaça histriônica a qualquer pessoa em cena com Medeia.

O Sete Pecados Capitais foi um trabalho difícil. Eu representava um personagem imaginado por João Augusto, um menino chamado Pantiko, que era anarquista. Mas foi no Cordel 3 que lavei a alma: mais uma vez fiz a plateia rir muito. O ano de 73, apesar da ditadura, apesar de ter sido o ano da morte do Allende, foi um ano muito prolífico para mim.

1974: volta ao PCB

Fazia quatro anos que estava em Salvador, em autoexílio; já havia me adaptado profundamente à cidadania baiana, à nação baiana. Encontrava prazer nas comidas, nas festas e me integrava ao universo da Bahia.

Os primeiros anos haviam sido difíceis, claro. Acho que para qualquer imigrante, para qualquer exilado, os primeiros anos são mais árduos. A gente precisa de um tempo para fazer amigos, para se adaptar, entender os costumes da terra, mimetizar o povo local, tornar-se um deles.

Pois em 1974 eu já estava nessa posição. Caminhava à vontade, tinha amigos, havia feito algumas peças de teatro além do cordel de 72. Trabalhar com o grupo Teatro Livre da Bahia, sob a direção de João Augusto, foi uma experiência rica. Era um grupo muito importante no teatro baiano, de vanguarda, popular, marxista, um grupo de discussão sobre a resistência à ditadura.

O presidente ainda era Médici, por isso foi um ano muito pesado, de trevas, perseguições, torturas, mortes. Ocorreu o fim trágico da Guerrilha do Araguaia. Mas foi em 74 que o nosso grupo Teatro Livre da Bahia recebeu um convite da França para participarmos do Festival Internacional de Teatro em Nancy, no sudoeste do país. O único grupo brasileiro que havia se apresentado no exterior até então era o Tuca, da Universidade Católica de São Paulo, com Morte e Vida Severina. E agora um grupo da Bahia era convidado, e mais: era a primeira vez que um grupo baiano iria se apresentar no exterior.

Foi uma loucura, caiu como uma bomba para nós! Imaginem a honra, participar de um festival internacional, em plena ditadura. Sair do Brasil, respirar ares de liberdade na Europa, denunciar a ditadura e o ditador por lá!

A nossa luta se dava em muitas frentes, uma delas era o turismo. Durante a ditadura descobrimos que, à medida em que recebíamos turistas estrangeiros em Salvador, no Brasil como um todo aliás, podíamos estabelecer contatos com eles. Contatos normais, no dia a dia, porque eles perguntavam que igreja era aquela, que rua era aquela etc. E conversando a gente passava para os gringos informações sobre as atrocidades que estavam acontecendo em nosso país.

A vinda de turistas para o Brasil, assim como a ida de turistas para o exterior, foi muito importante na luta contra a ditadura. É um aspecto que não se estuda muito, mas a gente passava informações: estão sendo assassinadas pessoas, estão sendo torturadas, não temos liberdade de imprensa... A gente conseguia enviar notícias para o resto do mundo através dos turistas.

Foi também em 1974 que aprofundei minha autocrítica, o que já havia começado no ano anterior. Sobre a luta armada, sobre as posições vanguardistas de luta afastadas da massa. E assim resolvi me refiliar ao Partido Comunista.

Veja que quando se reclama, por exemplo, do descenso da luta, da não participação da massa na resistência aos governos autoritários ou fascistas ou protofascistas como o atual governo Bolsonaro, tenho que lembrar que eu próprio, desde 1970, havia me recolhido. E só 4 anos depois é que voltei a "montar no Rocinante", como diz Che Guevara, a cavalgar como um Dom Quixote na luta contra o fascismo. Foram 4 anos em que eu estive ausente, cuidando da minha vida, participando das coisas, procurando saber em quem votar para deputado naquela época, mas fora da militância.

Isso acontece muito, em toda parte há períodos de descenso durante as lutas contra as ditaduras, contra o dominador. É o tempo em que ele ganha fôlego para fazer as suas atrocidades. Mas depois vem a resistência.

A Jacqueline Laurence, atriz francesa radicada no Brasil há muitos anos, me falando sobre a resistência francesa, disse:

– Bemvindo, a Resistência Francesa não foi aquela coisa maravilhosa que se fala, a Resistência era muito fraca, muitos poucos franceses resistiram no início à invasão alemã. A Resistência não era uma grande organização, até porque nenhum ditador se estabelece no país se o povo não quiser. Se o povo francês não quisesse, não fosse conciliador com o nazismo, os alemães não tinham se estabelecido na França.

Foi o que ela me disse. Eu parei pra pensar nisso. Jacqueline tinha razão, a Resistência cresceu quando as tropas americanas começaram a preparar a invasão da Normandia, quando as derrotas que Hitler sofreu na União Soviética ficaram patentes. Só então mais pessoas foram se juntando à Resistência, porque previam o fim, a queda daquele sistema. A mesma coisa se daria no Brasil.

Bem, fiz a autocrítica e aí tive de escolher entre o PCB e o PC do B. Mas o PC do B daquela época, sobretudo na Bahia, era muito chato. A gente chamava seus integrantes de cururus, porque pareciam sapo cururu na beira da Lagoa repetindo a sua ladainha. Eram muito desagradáveis, radicais, caretas.

Fiz a opção então pelo PCB. Já que eu tinha rompido com o Partidão no Sexto Congresso de 1968, era natural que voltasse a ele. Procurei contato, mas sem deixar de dialogar com o PC do B. Tudo isso estava acontecendo quando surgiu o convite para a turnê na Europa.

Ainda antes, a secretaria de turismo da Bahia promoveu um grande evento, a Feira da Bahia em São Paulo, no Anhembi. E fomos convidados, como grupo de teatro, a participar. Lá fomos nós com o Cordel 3. Só que a peça foi tão censurada, cortada, vilipendiada que o que chegou a São Paulo não dava nem para entender. Que espetáculo era aquele? Ainda assim não deixamos de ir.

Imaginem o que eram 20 e tantos baianos chegando a São Paulo, com uma mão na frente e outra atrás, como todo grupo de teatro alternativo, hospedando-se em um hotel decadente, caindo aos pedaços, indo todos os dias para o Anhembi para se apresentarem... O que pudemos encenar estava muito distante do que era o espetáculo verdadeiro, do que nós tínhamos feito antes da tesoura da repressão.

Quem fez isso não foi Antonio Carlos Magalhães, o governo da Bahia: foi a censura federal que cortou o espetáculo profundamente, com a estupidez total de sempre.

Mesmo assim nos apresentamos em São Paulo e voltamos para a Bahia. A esta altura eu nem queria saber do Rio de Janeiro, da família, de ninguém. Estava completamente envolvido com as lutas da Bahia. A gente estava ajudando os estudantes da Faculdade de Arquitetura da Universidade Federal da Bahia a organizar um grupo de teatro, que era o Cuca, Centro Universitário de Cultura e Arte. Foi o embrião do Diretório Acadêmico da Faculdade de Arquitetura que, por sua vez, foi o embrião do DCE da Bahia. Naquela época eram proibidos DCEs, diretórios acadêmicos.

O Cuca tinha à frente Frederico Augusto e Célia Bandeira, que eram dois estudantes de arquitetura ligados ao PC do B. Nessa hora não importa o partido, na verdade, o que é importante é estar junto das pessoas e fortalecer a luta contra a ditadura.

A gente ensinava teatro a eles, dava força. Eu ia à Faculdade de Arquitetura fazer palestras, dar orientações. Começava-se a respirar um ar de resistência, de "Eu conheço camaradas, companheiros de luta, estou de novo de mãos dadas, começando a respirar".

Não tínhamos liberdade, mas estávamos na luta por ela.

Uma vez criado o Centro de Cultura e Arte, passamos a apoiar a criação do Diretório Acadêmico da Escola de Arquitetura, que foi o primeiro DA criado na Bahia. Não esqueçamos que o congresso de reformulação da UNE se deu na Bahia. Tudo com ajuda nossa, contribuindo para a reorganização dos estudantes, até abrindo o Teatro Vila Velha para suas reuniões clandestinas, em que fundaram o diretório acadêmico.

A chapa Viração, que era ligada ao PC do B, concorreu às eleições do novo diretório e ganhou. Então seus membros partiram para a criação do DCE, Diretório Central de Estudantes da Bahia, o que era proibido pelo governo.

A gente estava muito presente. Eu participava das reuniões no teatro Vila Velha, declamando poesias em palestras e conferências, representando esquetes, ajudando-os a reconstruir tudo aquilo. E deu certo.

Formamos logo uma célula de cultura do Partido Comunista Brasileiro na Bahia, da qual participavam vários companheiros de teatro. Curioso que só mais tarde a gente vai criar um comitê, do qual fez parte a Doia, minha mulher, o Zé Carlos Capinan e vários outros companheiros importantes na área cultural baiana.

Faltou dizer, aliás, que a nossa ida à Feira da Bahia em São Paulo foi organizada por ela, Doia, que eu ainda não conhecia. Ela era Secretária de Estado na Bahia. Não era carlista, não era do governo. Eu nem a conhecia, só viria a conhecê-la quatro anos mais tarde, mas ela já estava próxima de mim.

Nos preparamos então para irmos a Nancy, para o Festival de Teatro Internacional na França.

Os trabalhos de organização acabaram por recair quase todos sobre meus ombros, o que acabou me causando um estresse gigantesco. Nada fácil levar 26 pessoas da Bahia, pagando a passagem aérea sem nenhuma ajuda do governo, para um festival e uma turnê na Europa. Tudo praticamente dependia da minha potência, da minha capacidade, do meu forçado brilhantismo em conduzir o processo, porque o João Augusto nessa altura era só o cérebro.

Mas acabei dando um jeito, embora isso tenha me custado muito caro.

26 baianos e 600 quilos nas costas

A década de 1970, mais precisamente a partir de 72, tendo por auge 74 e 75, trouxe um desbunde, o momento do *alegro desbum*. Na Bahia vivia-se o retorno de Caetano, de Gil, o fim do seu exílio. Caetano lançou a moda de calças de pijama, sem cueca, descalço, boca pintada de batom, lantejoula na testa, cabelos longos para homens.

Vestido assim desembarquei uma vez em São Paulo, para visitar justamente o irmão careta. Ele foi me buscar no aeroporto e não tinha onde enfiar a cara, quando me viu descer as escadarias do avião. Isso em 1974: eu com uma calça de algodãozinho de pijama, de cadarço, alpercata de couro nos pés, a camiseta regata toda bordada com lantejoulas (a gente viajava bordando-as nas camisas, formando as mais variadas figuras) e com a boca pintada de batom, cabelos imensos... Era assim que vivíamos na Bahia o *alegro desbum*, e foi desse jeito que quase matei meu irmão do coração.

Ele imediatamente me disse:

– Você não trouxe um sapato?

– Não, respondi.

– Não trouxe roupa?

– Não, minha roupa é essa!

– E como você vai entrar no Pinheiros com a gente! Que absurdo, que vergonha!

Aquilo tudo era uma grande tristeza para a família tradicional. As pessoas medíocres não compreendem o alcance dos gestos daquelas que ousam, das que não compõem o rebanho.

Anos mais tarde, o próprio irmão careta e o toda a família, que achava que eu era maluco, que não seria nada, iria virar um mendigo, um vagabundo, tinha prazer em dizer: "Eu sou irmão do Bafo de bode", "Eu sou irmã", "Eu sou prima"... Faz parte, a gente tem que entender isso como parte da miséria humana.

Era dentro deste clima que nos preparávamos para ir ao Festival Internacional de Teatro na França. Embora eu não fosse o diretor artístico do grupo, era o líder de 20 atores e seis bailarinos. Ensaiava diariamente e levantava fundos para ir à Europa. Precisava comprar 26 passagens aéreas de Salvador para Frankfurt, na Alemanha, de onde iríamos de ônibus para Nancy, no sudoeste da França.

Eram tempos de ditadura e não havia nenhum apoio, nem por parte do Serviço Nacional de Teatro, nem por parte do Ministério da Cultura. Nem da indústria ou do comércio, nada!

A maioria nunca tinha ido além de 50 km de distância de Salvador, não conhecia sequer os subúrbios mais distantes. Era preciso tirar passaporte dessa gente toda, e a demais documentação, negociando com a agência de turismo o preço das passagens e tendo que levantar uma pequena fortuna...

Foi muito cansativo, tinha que ensaiar (com todo o respeito e sem falsa modéstia, eu era o melhor ator da companhia, o mais brilhante), dava tudo de mim nos ensaios e ainda tinha que, nas horas vagas, fazer leilão de quadros, depois de os ter capturado junto aos artistas plásticos baianos que doavam obras pra gente. Quadros de Mário Cravo, Carlos Bastos, Luiz Jasmim, Calazans, Caribé... Lembro que comandei o leilão e ainda levei esporro do diretor, porque não estava no ensaio. Ele queria que eu estivesse lá e fazendo leilão ao mesmo tempo no foyer do teatro!

Às sextas-feiras a gente fazia um caruru no teatro, à meia-noite. As pessoas chegavam e compravam um prato da comida baiana, afro-brasileira. Com isso arrecadávamos mais grana. Era um trabalho de formiguinha, fazendo rifa, leilão, venda de comida, realizando espetáculos para levantar o dinheiro.

Quando conseguimos o valor necessário para as passagens, eu estava completamente extenuado, neurótico. Aquilo me destroçou muito, me deixou enfraquecido e contrariado também. Tudo recaía sobre minhas costas.

Atores e artistas são muito infantilizados, sobretudo os de província. Faziam-me as perguntas mais despropositadas:

– Por que você quer meu retrato?

– Pra fazer passaporte.

– E pra que passaporte?

– Pra você poder entrar na Europa.

– Nós vamos à Europa?

Era insano. E pra complicar mais, naquele tempo eu havia começado a desenvolver uma fobia de avião, consequência do estresse.

Afinal chegou o Grande Dia. Com armas e cuias fui antes que os demais para o Rio de Janeiro, pra ver minha família. Peguei o voo já traumatizado pela fobia. Dois dias depois embarcaríamos para Frankfurt, levando 600 kg de cenário e figurino, em caixotes de madeira gigantescos, difíceis de manusear.

Bem, lá estava eu no aeroporto com minha família e o grupo não chegava, o voo atrasou. Quando eles finalmente chegaram, aquela gente toda, entrei em pânico.

Tudo isso somado tornou a viagem até Frankfurt muito ruim para mim. Mas a escala em Zurique, na Suíça, foi divertida, porque naquele tempo a gente descia as escadas do avião e caminhava pela pista até o hall do aeroporto.

Imaginem 26 baianos desembarcando na Suíça, entrando num restaurante, gritando, rindo, todos excitadíssimos por estar na Europa, e reclamando, porque um deles resolveu comer uma torta de cereja que custava os olhos da cara. Isso aumentava a algazarra toda.

Aquela algaravia provocou um silêncio sepulcral nas pessoas que estavam ao nosso redor. Olhavam-nos com olhar de censura, mas em silêncio. Então percebemos que estávamos dando uma de brasileiros na Europa e começamos a falar baixo, mas ainda assim reclamando do preço das coisas.

Voltamos para o avião e, finalmente, desembarcamos em Frankfurt. Mas ninguém falava alemão, naturalmente. Começou uma tragicomédia que continuou na França, aqueles incultos todos que éramos falando em português como índios, pensando que assim nos faríamos entender.

Todos pegavam no meu pé, me perguntando tudo, uma loucura. Isso carregando aqueles 600 kg...

A turnê foi bem grande, ficamos quase três meses por lá. Participamos do Festival de Nancy, depois fomos para Paris, onde nos apresentamos no Théâtre d'Orsay. Depois, em várias outras cidades da França, como Nice, Lyon, Abbeville, Caen. Acabamos sendo convidados para ir à Itália: Roma, Salerno. Foi uma turnê grande no Velho Continente. Ganhávamos uma merreca por cada apresentação, que era dividida entre os 20 atores restantes, já que os 6 bailarinos haviam sido inexplicavelmente dispensados logo que chegaram a Nancy.

Foi assim. O diretor João Augusto me chamou:

– Diga aos bailarinos que eles não precisam mais ficar com a gente.

Fiquei espantado:

– Como não precisam mais ficar? Gastamos um dinheirão de passagens com eles, você fazia questão, dizia que ou iam todos, ou não ia ninguém!

– É, mas não quero mais eles não.

Capricho de um louco, de uma vedete. Por sorte os seis bailarinos foram muito compreensivos, seguiram a vida deles. Ficaram fazendo apresentação no Via Brasil, que era uma casa de shows em Paris. Ganharam dinheiro pela Europa e pagaram sua passagem, no que foram muito condescendentes. Eu louvo muito a eles por isto.

Tour de force

Eu já havia virado baiano. Tinha amigos, raízes, pode-se dizer assim. Vivera paixões amorosas, ideológicas, sociais. Estava completamente envolvido com a Bahia. Praticamente havia esquecido o Rio de Janeiro, os amigos de lá, a família. Estava em outra já, em 1975.

Havia me apresentado nos melhores teatros da Europa, o Théâtre d'Orsay em Paris, que foi dirigido por muitos anos por Jean Louis Barrault, o Parioli em Roma, entre outros. A pena era que o estresse a que estive submetido para o levantamento de fundos me furtava o prazer daquela maravilhosa experiência, e me batia a vontade de voltar à Bahia.

A situação era ambígua. Havia o deslumbramento, mas também enfrentava muitas dificuldades. Passei muito frio, porque não tinha dinheiro para viver no padrão de vida europeu; comia em bandejões e, por vezes, fazia compras no supermercado: pão, queijo, frutas, sucos, que levava para o quarto do hotel.

Mas resulta que foi uma grande experiência. No festival de Nancy tivemos a oportunidade de assistir a grupos de diversas partes do mundo. Um deles me impressionou mais, um grupo iraniano que apresentava Macbeth ao ar livre (o que muita gente acha moderno e ousado hoje, já era praticado há 50, 60 anos atrás).

Por outro lado, saíramos do Brasil sabendo que estávamos sendo vigiados pelo SNI. Ora, éramos um grupo de teatro de esquerda, estávamos na Europa. Já no aeroporto tínhamos consciência de que a ditadura estava nos vigiando, e que vigiaria todos os nossos passos durante a viagem. Era um período terrível em todos os setores da vida nacional, não se conseguia comunicação com o exterior, era muito difícil fazer chegar às massas as nossas denúncias. Vladimir Herzog ainda não havia sido assassinado nos porões do DOI-CODI (isso se daria em outubro daquele mesmo ano). Não havia manifestações populares nas ruas do Brasil. Era o período de maior descenso da luta; tínhamos acabado de passar pela ditadura do Médici, e desde março de 74 estávamos sob as garras do Ernesto Geisel. Sabíamos estar sendo vigiados, mas ainda assim não levamos apenas 20 atores, levamos 21, porque seguiu conosco Frederico Augusto de Mendonça, um jovem estudante de arquitetura, filiado ao Partido Comunista do Brasil e à Anistia Internacional.

Ele viajava como se fosse ator, mas na verdade estava levando para a Europa, mais especificamente para Anistia Internacional, diversos documentos com denúncias sobre torturas no Brasil. Esses documentos precisavam chegar às mãos da Anistia Internacional. Apenas eu e João Augusto, o diretor, sabíamos da função dele dentro do grupo.

Foi divertido fazer aquela turnê. Fizemos sucesso com o Cordel na Europa, muito sucesso! E era tudo novo para mim. Andar de trem, falar francês, língua que nessa época eu já falava bem. Falei italiano, que aprendi pela vida, por conta própria. Tenho uma facilidade muito grande para assimilar línguas.

Mas também ocorreram momentos de terror. Por exemplo, no Teatro d'Orsay estávamos em cena quando percebemos três senhores na faixa de 40 a 50 anos sentados na primeira fila, filmando o espetáculo. A notícia correu entre o elenco no camarim.

A reação do grupo não foi de medo, ao contrário, foi de ataque. Acho que o medo da ditadura que nós vivíamos era tão grande, que partimos para cima. Começamos a sair do palco, a representar na plateia, acintosamente, diante dos 3 senhores das câmeras. Eu chegava a encostar meu rosto quase no rosto deles para falar o texto. Ficamos muito chateados por estarmos sendo filmados por agentes do SNI, perseguidos também na Europa.

Só quando chegamos a Roma é que tudo foi esclarecido. Os três senhores na verdade eram diretores proprietários do teatro Parioli, onde a gente iria se apresentar depois de Paris. Eles haviam ido gravar o espetáculo para poder fazer a propaganda dele, para vendê-lo no seu próprio teatro romano. E a gente achando que eram agentes! Alguém chegou a sugerir que eram coronéis da Aeronáutica.

Isso mostra o quanto é terrível a ambiguidade de uma ditadura, a falta da democracia, de clareza. A sociedade vigiada, seja pelos capitalistas seja pelos chamados socialistas revolucionários, faz muito mal à cabeça de todos os cidadãos.

Um certo dia fui entrevistado pela Rádio Nacional da França, e o entrevistador me perguntou se existia liberdade de expressão no Brasil. Não existia. Mas se eu dissesse isso estaria me comprometendo, poderia ser enquadrado na então vigente Lei de Segurança Nacional, por estar fazendo declarações contra a democracia da ditadura brasileira. Como sair daquilo? Respondi:

– Eu não estou autorizado a falar sobre isso.

Ora, dizer que você não tem liberdade para falar sobre liberdade é o suficiente para o bom entendedor. Foi a solução que achei na hora, no susto, mas até que me saiu a contento.

Claro que havia muitas coisas boas na Europa em 1975. Uma delas eram os cinemas da Avenida Champs Elysées em Paris, que passavam filmes pornográficos e desenhos animados pornográficos, inteira novidade para nós. Afinal, no nosso país, até os filmes mais simples eram proibidos, que dizer de pornografia. Entrar naquelas seções vendo filme pornô grátis era uma festa!

Outra coisa muito boa era poder comprar um jornal do Partido Comunista, ler o L'Humanité. Ir à sede do Partido Comunista, coisas que não podíamos fazer ou nem existiam no Brasil.

Não chegamos a entrar na sede do PC francês, porque podíamos estar sendo filmados, fotografados; mas passávamos diante da porta, olhávamos a sede.

Quando os trens paravam em alguma estação da cidade em que íamos nos apresentar, tínhamos que correr, eu mais dois ou três companheiros, para o vagão de bagagem, a fim de desembarcar aqueles 600 kg, porque em três minutos o trem partiria e o cenário estaria perdido. Era um corre-corre inacreditável.

Sobre mim descia outro terror, já que eu era organizador. No meio das viagens vinha alguém me dizer: "Olha, eu não quero ficar no quarto com fulano, eu quero ficar com beltrano". Um não queria ficar com outro, que não queria ficar com outro – era um deus-nos-acuda.

Nos hotéis, quando eu acabava de despachar o último dos atores para o quarto, o primeiro já estava descendo arrumado, de banho tomado:

– Onde é o almoço? Eu quero almoçar, estou com fome.

Logo vinha o segundo, o terceiro, o quarto. Depois de despachar todos pro almoço, quando eu ia almoçar, alguém dizia:

– Quero ir embora, como é que vou pro hotel?

De alguma maneira me pus naquela situação, permiti que fizessem aquilo comigo. E sofria com o individualismo, mesmo que inadvertido, de tantas pessoas.

O que me salvou foram as coisas boas. Dei conferências em Paris sobre o teatro brasileiro. Fiz palestra em Roma, onde tive o prazer de encontrar Adolfo Celi, que havia sido marido de Tônia Carreiro e de Cacilda Becker. Estivera no Brasil, fora um dos grandes diretores italianos que trabalharam em nosso país. Naquela época já tinha voltado para a Itália.

Só não me perguntem como é que dei uma conferência em italiano em Roma...

A Itália é uma maravilha, nos divertimos muito por lá. Era uma esculhambação. Enquanto a França era fria, chata (digamos que o país é belíssimo, mas as pessoas falam baixo, são comedidas, aborrecidas), os italianos gritavam:

– Itália, Brasile, sei come mi pátria!

E abraçavam a gente.

Saímos de Paris para Roma em trem noturno, um leito. Embarcamos com os ferroviários franceses comandando o trem, pessoas desagradáveis. E naquela época uma das maiores bases do Partido Comunista francês era o sindicato dos ferroviários. Deduzimos: são comunistas. Entretanto, encheram nosso saco por causa da bagagem, do peso do cenário, e eu tentava não pagar o que eles queriam me cobrar pelo transporte dos cenários. Dizia que éramos todos brasileiros pobres. Os ferroviários comunistas respondiam:

– C'est le règlement, c'est le règlement (é o regulamento, é o regulamento).

Isso para brasileiro não funciona muito, pedimos para quebrarem o galho da gente.

Fiquei com marra daqueles comunistas ferroviários franceses. Não é à toa que deu no que deu: mais tarde acabou-se o Partido Comunista Francês, acabou-se o Sindicato Ferroviário. Estavam todos comprometidos com o sistema e eram muito desagradáveis.

Enfim, entramos no trem. Um silêncio, as pessoas falando baixo, o restaurante sem vida, com gente comendo quieta, de cabeça baixa. Fomos dormir. Às seis da manhã, pelos alto-falantes do trem, ressoou uma ópera. Havíamos atravessado a divisa da fronteira da França com a Itália, e os rodoviários italianos tinham tomado o controle do trem. Estava amanhecendo, chegávamos em Roma, precisavam acordar a gente e o fizeram aos berros, falando muito, batendo na porta – alguma festa! Completamente diferente do que estava acontecendo conosco na saída de Paris.

Foi uma maravilha. A Itália se parece em muitas coisas com o Brasil. E pra confirmar isso, fui roubado (ou quase isso) logo que cheguei.

Eu tinha um poncho gaúcho que comprara em Porto Alegre. Peguei um táxi e, na hora de saltar no hotel com toda aquela gente já à minha volta, esqueci o poncho no táxi. O taxista nunca voltou pra devolvê-lo a mim, ou deixá-lo na portaria do hotel. Bem no espírito brasileiro, o cara ficou com o poncho.

Aliás, como brasileiros que somos, tínhamos o hábito de surrupiar copos e talheres em restaurantes, para trazer como lembrança. Lamentável.

A Itália representou a melhor parte da viagem, sem dúvida. Lá terminamos a turnê e lá embarcamos nosso acervo teatral em um navio, para voltar ao Brasil. Sairia do Porto de Nápoles e seria entregue em Salvador. Por uma série de erros e contratempos só o recebemos depois de um ano, e ainda assim tendo de nos valer do jeitinho brasileiro.

Fomos para Frankfurt e tomamos o avião de volta. Uma engraçadinha do elenco, uma atriz, resolveu dizer para os outros:

– Olha, quando chegarmos ao Brasil o SNI vai estar nos esperando, vai revistar todos nós.

Acontece que tínhamos comprado fotos, cartazes do Che Guevara, livros de esquerda, vídeos, coisas desse tipo.

Foi um pânico. Já estávamos em voo quando a infeliz disse isso. E ela era casada com um reaça de direita, que provavelmente tinha informações nossas. Mas aquilo não correspondeu à verdade, não houve nada disso quando chegamos ao Brasil.

Foi uma alegria pisar na Bahia novamente!

Abrem-se as portas da América Latina e das ruas

1976 é um ano que marca um ponto de inflexão na minha vida, extremamente significativo.

Eu já tinha melhores condições de moradia, depois de convencer o João Augusto, com quem dividia o apartamento, para mudarmos para o 20º andar de um belo prédio de Salvador, no Corredor da Vitória. Agora habitávamos um apartamento de dois quartos e sala, muito melhor, consideradas as condições em que vivíamos antes.

Fizemos um esforço financeiro. Eu havia começado a dar aulas de voz. Sempre fui muito bom na dicção, na articulação e na projeção de voz, sempre compreendi perfeitamente a didática da fonoaudiologia. Assim dava aulas particulares de voz para quem quisesse, professores, artistas, e ganhava um bom dinheiro com isso. A renda aumentava porque a gente estava trabalhando no Teatro Livre da Bahia, que andava a pleno vapor.

Os cachês das peças e todo o demais permitiram que a gente desse um salto na qualidade de vida. Eu já estava com 28 anos de idade, aproximava-se a então terrível marca dos 30.

Neste ano remontamos a peça A morte e a morte de Quincas Berro D'água. Formamos um elenco gigantesco, com 54 atores em cena. Eu fazia o papel de Curió, um dos amigos de Quincas. Na estreia contamos com a presença do próprio Jorge Amado, que aparentemente não gostou muito do que viu. Os autores quase nunca gostam quando veem sua obra montada no cinema, na televisão ou no teatro, porque têm a sua visão própria da história. O seu sonho, a sua fantasia de como construí-la. Quando o diretor o faz ele dá interpretação própria ao enredo, que nem sempre condiz com a que o autor gostaria de dar. Mas o Jorge Amado foi muito educado. Assistiu, elogiou-nos.

Esta peça nos rendeu um convite para outro evento estrangeiro, o Festival Internacional de Teatro de Caracas.

Reduzimos o elenco para 16 atores e viajamos para lá, apesar de toda a dificuldade para levantar os fundos para a viagem. Fizemos a turnê começando por Caracas e passamos por outras cidades da Venezuela. Aí fomos para Bogotá, na Colômbia.

Em Bogotá nos apresentamos no melhor teatro daquela capital, que ficou lotado no dia do espetáculo. Quando acabou a peça o povo gritava:

– Fora, fora, fora, fora!

Ficamos em polvorosa, não haviam gostado de nosso trabalho. Mas quê! O que eles realmente estavam gritando era fórum! fórum!

A Colômbia vivia uma efervescência política gigantesca com a esquerda, com as FARC (Forças Armadas Revolucionárias da Colômbia), com a Frente de Libertação Nacional da Colômbia. O que a plateia de jovens queria era discutir o assunto. Paramos para abrir a discussão. Foi quando ouvimos a principal crítica, que jamais tínhamos recebido:

– Vocês são um grupo marxista, um grupo ligado à luta dos trabalhadores do Brasil, por que montam uma peça que focaliza o lumpesinato e não a classe trabalhadora?

Não havíamos nos dado conta de que grande parte da obra de Jorge Amado focaliza o lumpesinato. Capitães da areia, Quincas e vários outros livros. A classe trabalhadora aparece em Subterrâneos da Liberdade, por exemplo. Os colombianos farejaram isso e nos criticaram por estarmos dando valor ao lumpesinato; não entendiam a maneira de ser do Brasil.

De lá seguimos para a Cidade do Panamá, onde fomos vistos pelo presidente da República da época, o general Omar Torrijos.

Por essas e por outras ir para Caracas foi muito importante. Nos apresentamos no Festival Internacional e, paralela a ele, que tinha peças de teatro tradicional, havia uma mostra Internacional de Teatro de Rua. E eu assisti a todos os espetáculos de rua que pude.

Na verdade, a viagem pela América Latina foi muito melhor do que a viagem pela Europa, feita no ano anterior. Embora ainda estivéssemos na ditadura, já estávamos mais escolados; embora soubéssemos que nos vigiavam, não sentíamos tanto a presença do opressor.

A efervescência política da América Latina, os fóruns, os debates, as palestras, as discussões durante o Festival davam a nós uma ideia de liberdade, de pertença à Latino-América que a Europa não podia dar.

A Europa estava distante de nós e, em1975, afigurou-se decadente, um grande museu a céu aberto. Estava vendendo tudo, móveis, quinquilharias, óculos, pessoas, qualquer coisa! E a América Latina nos surgia ali, jovem, pulsando por um processo revolucionário. Em Bogotá, por exemplo, fizemos contatos com atores de teatro do grupo La Candelária, que era ligado ao aparato legal da guerrilha colombiana. Ali trocamos muitas ideias políticas, discutimos proficuamente.

Em Caracas também conversamos muito com colegas atores da Frente Nacional de Libertação, do comandante guerrilheiro Douglas Bravo. Isso nos deu um alento, uma vida, a compreensão da importância da América Latina. Nós, brasileiros, que vivíamos de costas para ela, estávamos pela primeira vez dentro de um processo revolucionário.

No Panamá, por exemplo, fomos recebidos pela irmã do presidente. E o presidente, que era progressista, assistiu ao nosso espetáculo. Lá colocaram uma escolta atrás de mim, um cabo do exército do Panamá, que me vigiava dia e noite. Nem me vigiava propriamente, me acompanhava. Um jovem muito simpático, acabamos fazendo amizade. Fui à casa dele, trocamos presentes. O objetivo daquilo era me proteger, porque os Estados Unidos estavam com uma campanha contra o Panamá, por causa do governo Omar Torrijos. Sobretudo em campanha contra o turismo:

se acontecesse de eu ser assaltado, de ser prejudicado de alguma forma na minha estadia no Panamá, os americanos podiam usar isto como propaganda, dizer:

– Vejam, o Panamá não é seguro, não vão ao Panamá!

Por isso o cabo do exército ficava grudado em mim dia e noite. Eu queria ir pro cassino de noite, uma coisa que não havia no Brasil, queria jogar, mas ele não me aconselhava a fazê-lo. Mas quando me deixou no hotel, eu fugi pro cassino, fiquei lá jogando naquelas maquininhas, feliz da vida. Quando estava no meio do jogo ele apareceu. Me seguira.

Foi muito divertida a estadia no Panamá.

Na Venezuela conheci um ator do Equador que se apresentava sozinho na rua, com peças de caráter didático-político. Chamava-se Jorge. Fiquei encantado e fui dizer a ele que era uma maravilha o seu trabalho de conscientização política da massa, seu esquete, as coisas que falava. Lamentei:

– Pena que nós não podemos fazer isso no Brasil, nós não temos isso nem a ditadura que manda lá permitiria.

Ele me olhou:

– Você está enganado, vocês têm teatro de rua no Brasil. Você mora onde?

– Em Salvador.

– Eu conheço, Salvador tem teatro de rua. Aqueles camelôs que ficam ali no centro da cidade, aquilo é uma forma de teatro de rua. Eles falam, junta gente em volta para observar a narrativa deles, eles distraem, conversam, vendem mercadorias. Aquilo é uma forma teatral.

Tudo que ele me disse ficou-me na cabeça e quando voltei ao Brasil decidi criar o moderno teatro de rua nacional, modalidade que praticamente inexistia entre nós. Meu modelo seria baseado no do camelô, ou seja, no modelo que o camarada equatoriano me havia dado como sugestão. O grupo se apresentaria numa praça pública, formando uma roda. Sem tablado, sem iluminação, sem estar em cima de um caminhão, nada: uma roda de camelô. O grupo apresentaria uma peça curta, de 20 a 25 minutos de duração. Geralmente uma história de cordel.

Comecei a trabalhar em 1976, com muita dificuldade, neste projeto.

Uma barreira enorme foi a dificuldade imposta pela censura da ditadura. Outra vinha dos colegas do grupo de teatro, que não entendiam a proposta. Não queriam trabalhar no meio da rua. Queriam o palco elisabetano, o teatro fechado. Foi muito difícil conseguir apoio deles.

Houve, contudo, uns 6 ou 8 colegas que, muito reticentemente, aceitaram minha ideia. Foram os que compreenderam o projeto. Outros, com os quais eu contava, saíram fora.

Levei um ano preparando isso. Conversando com a censura federal. Nessa época a censura já tinha passado da postura de pura repressão para uma repressão velada, não censuravam abertamente, mas procuravam prejudicar-nos o mais possível, silenciar o mais possível a nossa liberdade de expressão. Diziam por exemplo para mim:

– Fica difícil se apresentar no meio da rua, nós temos uma classificação etária. Essa peça que você quer fazer não pode ter nenhuma menção à sexualidade, ao erotismo, aos costumes, à moral. Tem crianças na rua.

Disse que iria escolher uma peça em que não acontecessem aquelas coisas. Eles replicaram:

– Sim, mas ao mesmo tempo, como é que a gente vai controlar onde vocês se apresentam, que tipo de público? E vai ter arrecadação de dinheiro?

– Não, não vai ter financiamento, nada. Vamos passar o chapéu, quem quiser bota dinheiro no chapéu, respondi.

– É, mas é preciso controlar esse tipo de bilheteria.

Como esses, vários obstáculos eram colocados pela censura durante um ano de conversação, até que chegamos a um acordo, pelo qual eu enviaria o texto que seria representado em praça pública para a censura e informaria onde nós o apresentaríamos.

Assim estreamos no dia primeiro de maio de 1977 (escolhi a data por ser o dia dos trabalhadores) na Praça da Piedade, justamente onde foram enforcados os líderes da revolução dos alfaiates, uma conspiração da Bahia pela República. Estreamos na rua com a peça "Felismina engole brasa ou A mulher que pediu um filho ao diabo, e o filho nasceu de rabo".

Foi um sucesso, porque a gente chegava e usava o procedimento do camelô. Fazíamos uma roda com as roupas que iríamos usar, as maquiagens, nos sentávamos no chão e começávamos a nos maquiar, a trocar de roupa. Pela curiosidade o público ia nos cercando. Formavam-se multidões para assistir à gente. E a roda feita pelo corpo dos atores delimitava o espaço cênico, onde iríamos atuar. Usávamos música, o diretor musical era o Bráulio Tavares, maravilhoso companheiro que está até hoje nas lides.

Passávamos o chapéu. Eu não queria nenhum tipo de financiamento, nem poderíamos obtê-lo, talvez. O dinheiro depois era dividido entre todos. O grupo cresceu a tal ponto que chegamos a ter ao redor de 30 integrantes.

O nosso teatro de rua evoluía e, em 1978, saíamos em passeata, que mais parecia desfile de carnaval pelas ruas de Salvador, em direção aos bairros populares. Chegávamos a eles às nove horas da manhã, conforme já havíamos acordado com a Associação de Moradores do local.

Antes de apresentar nossa peça nos dividíamos. Alguns colegas iam trabalhar teatro com as crianças da comunidade, outros com os jovens, outros com as senhoras e os senhores mais velhos, para depois apresentar o resultado no final do dia.

A comunidade nos preparava uma feijoada ou um cozido, uma refeição de congraçamento, que durante o almoço seria servida. Trabalhávamos diretamente com a comunidade o dia inteiro, fazendo jogos, coisas lúdicas, e ao entardecer apresentávamos a peça. Era estupendo.

Mas é muito difícil manter isso sem financiamento oficial, sem uma estrutura maior. Era preciso controlar aquilo, que foi se tornando uma coisa gigantesca na cidade de Salvador. Serviu de experiência, de norte para outras experiências de teatro no Brasil, como a do João Siqueira, no Rio de Janeiro. Mais tarde também a do Amir Haddad, que levou isso em frente e mantém até hoje o grupo Tá na Rua, que realiza um trabalho fantástico!

Tudo nasceu lá em Caracas, quando assisti ao companheiro Jorge, que era do Equador, fazendo teatro de rua no modelo do camelô.

Com o tempo, o grupo ficou grande demais e eu não aguentei mantê-lo. Saí fora porque tinha outras coisas a fazer além daquela loucura nos dias de domingo, que eu levava uma semana inteira pra preparar, causando-me um gasto de energia enorme, com um grupo inteiro para administrar.

1976 marcou portanto aquele ponto de inflexão, quando crio o moderno teatro de rua do Brasil, depois de Caracas e do contato com grupos pela América.

Foi também em Caracas que descobrimos um texto maravilhoso de Isaac Chocrón, chamado La Revolución. Contava a história de um travesti decadente, que morava numa boate destinada a homossexuais e boêmios LGBT. O travesti era explorado pelo seu empresário. A peça propunha a luta armada, da seguinte forma: o travesti chega a um ponto de decadência tal que não aguenta mais cantar toda noite na boate. Anos antes havia conhecido um rapaz, um cafetãozinho. Apaixonara-se pelo jovem e o transformara em marido e empresário dele.

No final do espetáculo pegava um fuzil e disparava tiros de verdade, com pólvora, tentando matar o marido e as outras pessoas. A proposta, praticamente terrorista, pela luta armada, aponta como solução o pegar em armas.

Ainda em 1976, ao voltar ao Brasil, montamos este espetáculo com o nome de "Gracias a la vida".

Tinha dois atores principais: eu, que fazia o travesti, e o Harildo Deda, que fazia o empresário.

O diretor foi o João Augusto que, além de nós dois, colocou em cena diversos casais homossexuais, mulher com mulher, homem com homem, ao todo 8 ou 10 atores, os quais durante a peça ilustravam com seus corpos e configurações a narrativa literária.

Foi um sucesso. Naquele momento os movimentos estudantis estavam se reerguendo, e os estudantes lotavam o teatro Vila Velha. O espetáculo era lindo, eu estava muito bem no papel. Foi um dos grandes sucessos meus no mundo teatral.

Antes de a peça começar a gente distribuía caixas de fósforos para toda a plateia. No final, depois dos tiros, quando o travesti caía morto, porque a bala ricocheteava e atingia ele próprio, apagavam-se as luzes do teatro e toda a plateia acendia fósforos. Nós, atores, junto com o público, cantávamos *Gracias a la vida*, a música imortal de Violeta Parra.

Criávamos uma aura mística, fantástica, ritualística, contra a ditadura. Espetáculo extremamente político, que depois me causou muita dor de cabeça, quando da remontagem dele em 1978. Nós o apresentamos em Brasília e sofremos forte repressão. Mas esse é outro assunto, que fica para mais adiante.

Naquela primeira montagem, a peça representou um salto de qualidade na minha carreira profissional, tornando-me praticamente um ícone de esquerda em Salvador.

A essa altura, já estávamos muito organizados à esquerda, nos mobilizando. Antes de começar os espetáculos eu entrava nos demais teatros de Salvador e lia manifestos contra a ditadura. Mas também fazíamos outras ações similares naquele fabuloso ano de 1976.

A abertura começa, menos para mim

Por volta de 1978 começa a surgir no Brasil o movimento pela anistia, com mais abertura política e manifestação de populares. Ocorrem as greves do ABC, em que foi gestado o PT. Isso tudo ainda sob o governo Geisel, que duraria até os primeiros meses do ano seguinte.

Eu já havia saído da casa do João Augusto. Estava morando, juntamente com dois colegas de teatro, em uma casa grande na Ladeira da Fonte, no centro de Salvador, próximo da praça do Campo Grande.

A Ladeira da Fonte era uma rua sem saída, que descia do Forte São Pedro e em sua parte mais baixa tinha uma fonte, desativada, poluída. Fora construída no tempo em que as pessoas não tinham água encanada e iam buscá-la nessas fontes.

A casa que alugamos ficava na parte baixa. A rua não tinha calçamento, era só pedregulho. Uma ladeira difícil de descer porque, como quase todo o centro da cidade, estava abandonada.

Sendo progressistas como éramos, imediatamente iniciamos um movimento para melhorar a rua. Conseguimos que a prefeitura a asfaltasse, limpasse a fonte, a reinaugurasse e a pusesse pra funcionar. O prefeito era Edivaldo Brito, salvo engano o primeiro e único prefeito negro de Salvador. Fora nomeado, naquele tempo ainda se nomeava os prefeitos das capitais, não havia eleição.

Para a festa de reinauguração, a prefeitura não nos deu uma verba para a gente promover um grande caruru, a comida baiana feita a base de quiabo, dendê e camarão. Então compramos quilos e mais quilos de quiabo e juntamos a vizinhança lá em casa. Pomo-nos todos a cortar quiabo. Faz parte do ritual afro-brasileiro esse momento em que você corta o quiabo em pequenas rodelas para prepará-lo para o caruru: é quando se pede ao orixá tudo que se deseja. É um tempo mágico esse da preparação das comidas na cultura iorubá, na cultura africana ritualizada. É alquímico, você pede, conversa com o orixá, ou seja, com a energia anímica da natureza.

Assim, éramos 5 ou 6 pessoas cortando quiabo em quantidade gigantesca, fazendo um caruru para 500 pessoas. O cheiro do dendê ia longe, subia do vale e se espalhava pelas colinas em volta. Isso atraiu gente de longe para comer o caruru, que era servido em pratos plásticos, com colherezinhas plásticas, uma festa!

A prefeitura mobilizou artistas populares e um palanque para cantar. Foi inesquecível esta bonita luta pela remodelação da Ladeira da Fonte.

Anos mais tarde ela deixou de ser uma rua sem-saída. A prefeitura abriu uma passagem, e construiu, logo após a casa em que moramos, um terminal rodoviário. Nesse processo a fonte se perdeu – coisas do Brasil.

Foi em 1978 que a gente resolveu remontar o espetáculo Gracias a la vida. Vale lembrar que já havia sido montado em 76, com a ditadura ainda mais feroz. Agora já havia um abrandamento da repressão, achamos que era um bom momento.

Estreamos o espetáculo e surgiu a ideia de levá-lo a Brasília, de apresentá-lo no Teatro da Escola Parque. Mas como ir até lá? Começa uma saga nova nessa história.

Antônio Carlos Magalhães, que foi por diversas vezes governador da Bahia, naquele momento era Ministro das Minas e Energia. Ele tinha um apadrinhado que era um ator da Bahia, natural de Pojuca, o Nilson Mendes.

A relação afetiva de Antônio Carlos com este ator surgiu quando ainda era deputado federal pela Bahia. Só havia um hotel 5 estrelas em Salvador, o Hotel da Bahia, e o Nilson Mendes trabalhava como office boy nele. Cada vez que Antonio Carlos vinha a Salvador, que era a sua base política, não ficava em casa, preferia se hospedar no hotel para ali poder receber políticos.

O Nilson Mendes era quem carregava as suas malas para o quarto. E ali nasceu uma relação afetuosa, digamos assim, tanto que em seguida Antônio Carlos o levou à vereança, como vereador eleito em Pojuca, sua cidade Natal.

Como Ministro, Antônio Carlos levou o Nilson Mendes para ser diretor do departamento de teatro da Fundação Cultural de Brasília. Era, portanto, ator da Bahia, mas estava morando na capital federal.

João Augusto, nosso diretor, fez uma ponte com ele, para levar o espetáculo para Brasília, financiado pela Fundação Cultural de lá. Nilson era ator, e o João Augusto resolveu convidá-lo a participar do espetáculo, fazendo parte do elenco.

É claro que não havia lugar de personagem ativa para o Nilson, o espetáculo só tinha voz para dois atores, eu e o Harildo Deda. Os outros faziam só figuração, um balé, uma coreografia. Formavam casais homossexuais de homens e de mulheres que dançavam coreografias, se abraçavam e se beijavam, comentavam cenograficamente a cena de alguma forma, mas sem fala.

Ao ser convidado, Nilson Mendes naturalmente pensou que ia fazer um grande papel na peça. Havíamos estado em Brasília antes, com o nosso espetáculo de cordel, durante o Mambembão, que era um uma produção teatral do Serviço Nacional de Teatro. Um grande festival, onde grupos do Brasil se apresentavam no Rio, São Paulo, Brasília... E tínhamos feito muito sucesso em Brasília, o que levou Nilson a divulgar aos sete ventos que fora convidado a trabalhar na nossa peça.

E assim fomos todos nós para Brasília, com tudo pago pela Fundação Cultural. Mal sabia eu que ali começaria uma saga terrível para mim, que iria me render uma depressão profunda, apavorante.

Chegamos, o Nilson nos recebeu, num clima maravilhoso. Até então não estávamos sabendo que ele havia convidado Brasília inteira para ver a performance dele na peça, naturalmente pensando que teria um grande personagem para representar.

No dia da estreia da peça, que, querendo ou não, era uma peça política, aos 10 minutos de andamento entra em cena um cidadão e se apresenta como policial da censura federal. Interrompeu o espetáculo com a plateia cheia e me intimou no palco a comparecer no dia seguinte, às 3h00 da tarde, à polícia. Fez a intimação por escrito, com o teatro parado. Tive que assiná-la. Quis saber o porquê.

– O senhor vai saber quando chegar lá.

O homem saiu do palco e foi embora.

Como continuar o espetáculo depois de receber uma intimação para comparecer, em plena ditadura, à polícia federal, e sem saber o motivo? Extremamente doloroso, estranhíssimo. Terminei o espetáculo e fui dormir cheio de dúvidas: o que que era aquilo? O que iria me acontecer no dia seguinte? O que eles me fariam?

Conforme fora ordenado, às 3h00 da tarde fui à polícia federal para falar com o chefe da Censura Federal, Carlos Lúcio. Uma besta da qual não esqueço jamais.

Chegando lá tomei uma hora de chá de cadeira sem saber o que acontecia, naquele clima nazista da polícia federal da época. Depois desta expectativa atroz, me mandaram entrar. Querendo ou não eu tinha o rabo preso, era membro do Partido Comunista, que era clandestino, tinha participado da luta armada. Mas havia conseguido escapar, me esconder na Bahia durante o período de maior repressão. E agora, o que era isso? O que ele tinha para tratar comigo?

Entrei e ele foi rápido:

– Boa tarde, seu Bemvindo. A questão é a seguinte: os senhores ontem começaram o espetáculo com 20 minutos de atraso. De acordo com a lei federal de 1946, a lei de censura, os senhores têm direito a uma tolerância de até 10 minutos de atraso apenas. Como atrasaram o espetáculo em 20 minutos, estou aplicando uma multa aos senhores. Mas podem recorrer desta multa a mim, que vou negar; ao meu chefe, que também vai negar, provavelmente, e o senhor pode recorrer até ao Supremo Tribunal Federal, mas ela será aplicada.

Perguntei quanto era a multa. Era uma coisa absurda, uns 2 Cruzeiros, algo assim, e nem era dirigida a mim, porque a responsável pelo espetáculo era a Fundação Cultural de Brasília. Respondi de pronto:

– Pode aplicar a multa!

Fui embora, fazer o espetáculo da noite de sexta-feira. No sábado, nova intimação. Dessa vez o policial não entrou em cena, me intimou no hotel a comparecer na segunda-feira à Polícia Federal. Imagine como foi fazer o espetáculo e passar o resto do sábado e domingo na apreensão de imaginar o que iria acontecer na segunda-feira.

Novamente um chá de cadeira, novamente eu estava diante do Carlos Lúcio, que me disse:

– Nós fomos informados de que os senhores distribuíram manifestos à plateia no espetáculo de sexta-feira.

– Não, não aconteceu nada disso, eu disse (e realmente não tinha acontecido).

– Mesmo se não aconteceu, de toda forma o senhor faça uma declaração por escrito e entregue amanhã aqui relatando que não ocorreu tal fato.

Coisa maluca, voltar na terça-feira com uma declaração de que não houve distribuição de manifestos na sexta-feira. Mas lá fui eu, pela terceira vez, à Polícia Federal e entreguei o que ele me pedia. Carlos Lúcio olhou o papel e disse:

– Muito obrigado, tá bom, tudo bem.

Ficamos em Brasília esperando para voltar a entrar em cartaz na quinta-feira seguinte. Voltamos, mas na sexta-feira, nova intimação!

Fui lá na segunda-feira e enfrentei o mesmo ritual macabro. Carlos Lúcio me informou que estava havendo uma denúncia de que nós estávamos conversando com o público antes do espetáculo, lendo textos de jornais e declamando poesias, conteúdos que não estavam no texto enviado para a censura federal. Concordei:

– Realmente, antes do espetáculo começar a gente lê as notícias do dia para a plateia, declama alguns poemas...

– Mas isso não pode ser, ele me atalhou. – Tudo que vocês forem ler antes do espetáculo tem que passar primeiro pelo crivo da censura federal.

Achei aquilo um absurdo, mas condescendi.

Como a gente também era sacana, quando chegou o primeiro dia de espetáculo da semana, levei para ele receitas de bolo, horóscopo e outras coisas que já haviam sido publicadas nos jornais. O estúpido aceitou os papéis e carimbou a liberação da censura federal.

Naquela noite lemos as receitas, os doze horóscopos, tudo. No dia seguinte, outra intimação. Lá fui eu, e ele:

– Eu não posso carimbar receitas de bolo, nem horóscopos que foram publicados em jornal. Não há mais censura prévia à imprensa. Por isso agora estou censurando o que havia liberado, simplesmente porque não há censura prévia e vocês não podem fazer uma coisa dessas. Façam como quiserem, leiam o jornal do dia, nem precisam trazer pra mim.

Foi nesta toada que pelas três semanas em que nos mantivemos em cartaz em Brasília fui chamado quase que diariamente à Polícia Federal, sob diversos tipos de alegações. Tinha de prestar contas, fazer relatórios. Uma perseguição implacável.

Acabei muito nervoso com aquilo tudo, com a perseguição ao grupo, notadamente à minha pessoa. Numa das visitas o Carlos Lúcio abriu a gaveta, retirou e balançou no ar um envelope pardo e disse:

– Nós sabemos tudo de você, está tudo aqui dentro.

Claro que aquilo podia ser jogo de cena, mas eu tinha telhado de vidro e as coisas eram muito ambíguas, a qualquer hora eu poderia ser enquadrado na Lei de Segurança Nacional por pertencer a partido clandestino, ou por ter atuado na luta armada.

Nesse clima tenso veio a mim o Nilson Mendes e me disse:

– Bemvindo, a situação está muito feia. Houve uma reunião essa tarde na Fundação Cultural. Participaram a Aeronáutica, o Serviço Nacional de Informações, a Polícia Federal e a Fundação Cultural. O agente da Aeronáutica disse que o objetivo deles é acabar com você. Eu não poderia te contar isso, não participei da reunião. Mas fui procurado por um agente da Polícia Federal que me mandou te dizer para ter muito cuidado com as coisas que você fala em cena, porque eles decidiram que, se você continuar a improvisar, a falar as coisas políticas que diz, nunca mais vai voltar a fazer teatro na vida.

Ou seja, tratava-se de uma clara ameaça de morte por parte dos órgãos de repressão.

A partir daí entrei em paranoia, num processo de ambiguidades, de reflexos de Pavlov. Para piorar tudo, o Nilson prosseguiu:

– Olha, esses rapazes e moças que se juntam à gente pra jantar depois do espetáculo, a maioria deles é de agentes secretos do exército e da aeronáutica vigiando você.

A estudantada realmente ficava em volta da gente, queria conversar conosco. Aquela informação do Nilson criou um clima terrível para mim, porque já não sabia com quem estava conversando, tinha de ter um cuidado terrível: quem é polícia quem não é?

Parei de improvisar em cena nos últimos dias do espetáculo e comecei a entrar em depressão, paranoia, pânico. Via a Polícia Federal em todos os lugares. Bastava chegar um rapaz ou uma moça do meu lado e comentar o espetáculo que eu pensava: "Deve ser agente federal, isso é gente me perseguindo, querem saber o que eu estou falando".

Além disso, um grande amigo de Salvador escrevia cartas para mim em Brasília. Eu ia buscar as cartas na caixa postal do correio e, coincidentemente, algumas vieram rasgadas, abertas. Passei a achar que aquilo era censura, e aquela possível vigilância sobre mim estava ficando insuportável.

Andava com dificuldade para fazer o espetáculo. Mal balbuciava as frases, sentia-me exatamente como o cachorro da experiência de Pavlov: "Eu vou morrer, vão me matar, estou sendo perseguindo... aquele rapaz sentado na primeira fila deve ser um policial... aquela moça deve ser agente federal...".

Eu dividia isso com os colegas, que me diziam:

– Loucura, isso não tem nada a ver.

Fui pirando, cada vez mais, até o último dia do espetáculo. Precisei fazer um grande esforço, um gigantesco, heroico esforço para vencer a tortura psicológica.

E o Nilson Mendes ao meu lado, me lembrando que a situação estava feia, que eu teria de ter muito cuidado...

O cerco da Polícia Federal

Na última apresentação do espetáculo Gracias a la vida, na Escola Parque de Brasília, eu já me encontrava profundamente pressionado pela Polícia Federal. Na última apresentação me vi completamente esgotado. Não me alimentava direito, já estava vendo bichos verdes saindo das paredes. Chorava, em estado depressivo ou talvez pré-depressivo profundo.

Na terceira e última semana de perseguição, telefonei para a Polícia Federal de Salvador, para uma chefe com quem eu mantinha um diálogo. Narrei o que estava acontecendo comigo em Brasília, as ameaças. Ela me disse:

– Estranho, porque aqui não chegou nada. Geralmente, quando há alguma perseguição é acionado o DOPS da Polícia Federal, e no DOPS não chegou nenhuma comunicação de Brasília sobre você. Faz o seguinte, vai do teatro para o hotel, do hotel para teatro e volta logo para Salvador.

Devido aos anos de abertura com Geisel, eu havia ganhado um certo nível de conversação com esta chefe, que se permitiu me dar o conselho.

Quando acabou a temporada, dei graças a Deus. Iríamos embora. Mas o Nilson Mendes e o João Augusto me informaram que antes de voltar para Salvador iríamos conhecer Goiás Velho, onde morava a poeta Cora Coralina, que visitaríamos.

Segunda-feira de manhã o Nilson Mendes veio ao hotel onde a gente estava hospedado com um papel na mão:

– Olha que coisa estranha que apareceu ontem à noite. Nós não vimos por que botaram por debaixo da porta dos fundos do teatro. É um papel da Polícia Federal.

Era um documento esquisito, com o timbre da PF, que fazia diversas considerações sobre o trabalho de grupos amadores e alternativos. Consideravam que eles eram muito importantes para o teatro brasileiro e autorizavam os atores do nosso grupo (com exceção dos dois que estavam em cena com falas, que éramos eu e o Harildo Deda) a ficar nus durante o espetáculo e a circular junto ao público.

Não fazia sentido! Primeiro porque a Polícia Federal não poderia se arrogar a dizer como é que a gente ia dirigir o espetáculo, como ia se portar em cena. Podia censurar-nos, mas não se meter a dizer o que íamos fazer no palco. Segundo, porque era um documento que aparecera no final da noite, sob uma porta.

Eu disse:

– Larga isso pra lá, não quero nem saber disso.

Nilson replicou:

– Não quer ficar com você?

– Não, pode jogar fora essa porcaria. Já acabou a temporada, não estou nem aí, que maluquice!

Fomos a Goiás Velho, conhecemos Cora Coralina, uma visita fantástica. Ela era uma figura linda, doce, fazendo doces. Na sua casa as mesas, as cômodas, os armários estavam cheios de docinhos que fazia para vender.

Era baixinha, velha, tinha cabelos brancos. Eu, com a inabilidade própria dos jovens (naquele tempo tinha trinta e um anos), perguntei a ela todo gentil:

– Que idade a senhora tem?

Ela empertigou-se, séria, olhou pra mim:

– Não se pergunta a uma dama a idade dela! Mas, já que o senhor me perguntou, eu vou lhe responder: tenho em mim todas as idades.

Como foi lindo ouvir aquilo.

Voltamos de Goiás Velho, passamos mais uma noite em Brasília e viajamos no dia seguinte para Salvador. Lá recebi um telefonema do Nilson Mendes:

– Bemvindo, sabe aquele documento que apareceu na porta do teatro? Eu o entreguei ao presidente da Fundação, ele levou para a Polícia Federal, que descobriu que era falso. O documento havia sido feito por uma universitária chamada Maria Helena, que inclusive já foi presa. O documento, Bemvindo, tinha por objetivo que ficássemos todos nus com o teatro cheio de estudantes, afrontássemos a Censura Federal. A ideia dela era que a Polícia Federal ia invadir o teatro e causar uma grande agitação no meio estudantil. Seria o estopim de uma grande agitação.

– Uma pena que a moça esteja presa, respondi, mas que bom que resolveram esse assunto. Caso encerrado.

Só que, passado um tempo, recebi em casa uma intimação da Polícia Federal da Bahia para comparecer ao DOPS de Salvador, para prestar esclarecimentos sobre um documento. Era o papel forjado pela Maria Helena, que havia sido enviado a Salvador para que eu fosse ouvido no inquérito sobre falsidade.

Lá fui eu, mais uma vez com a paranoia ativada. Mas estava na Bahia, onde o clima era melhor, porque já me conheciam.

A pergunta era se eu tinha conhecimento do documento; respondi que tinha. Eu sabia quem o fizera? Disse que não. Aí eles me disseram:

– O documento é falso, o senhor repara aqui que o carimbo está invertido. Falei:

– Verdade, mas eu não faço ideia de quem fez isso. Disseram-me que o iam enviar de volta a Brasília, mandar arquivar.

Achei estranho, mas deixei pra lá.

Neste meio tempo Antônio Carlos Magalhães fora indicado como Governador da Bahia (embora o processo de abertura estivesse em curso, as primeiras eleições para governador de Estado só aconteceram em 1982). Antonio Carlos, claro, veio morar na Bahia, e trouxe com ele o seu pupilo, Nilson Mendes. Colocou-o na Fundação Cultural da Bahia.

Como vivíamos numa república e o Nilson não tinha onde morar, veio morar conosco. Por acaso, justo no meu quarto. Pusemos mais uma cama, dormia do meu lado. Desfrutava da nossa identificação, porque era um amigo e era um ator.

Um dia me ligaram. O documento de Brasília voltara, eu seria ouvido de novo, mas junto com todo o grupo que participara do espetáculo.

Estava destruído. O restante do grupo não, porque não tinha grandes compromissos políticos. O Nilson Mendes permanecia muito tranquilo, indo para boates de noite, nada o tocava. Depois que todos foram ouvidos, arquivaram o papel maldito de novo.

Passado um mês, o assunto voltou à baila. Agora fariam um exame grafológico comigo, para comparar minha letra com a assinatura do documento. Eu era o principal suspeito de tê-lo falsificado.

Enlouqueci, aquilo não parava.

Chorava, deprimido. Não tomava líquidos, achava que qualquer bebida estava envenenada pelo SNI, continha algum pozinho, algo para me fazer confessar, falar coisas da minha vida política.

Assim com a comida. Quando dava a primeira garfada, entrava em tristeza profunda. Ao acordar de manhã fumava o primeiro cigarro antes do café e entrava em depressão. Ficava 5, 6 horas sentado na poltrona, calado, tristonho.

Comecei a emagrecer, a não cuidar da aparência física. E a coisa foi pesando. Começava achar que todos a minha volta eram policiais, que a casa estava sendo gravada, uma coisa terrível.

Foi quando um amigo, o Gabriel, sugeriu sairmos da república, arrumar um apartamento em outro lugar, só pra nós, à beira mar. Aceitei. Mudamos para Ondina.

Mas nem assim a paranoia passou. Não suportava aquela coisa ambígua, você é acusado, mas não é, você é suspeito, mas não é, você não sabe do que está sendo acusado. Nem chamar advogado eu podia, porque não havia acusação formal.

De Ondina me mudei para um apartamento em que fui morar sozinho, no edifício Júpiter, no corredor da Vitória, a avenida Sete de Setembro. Foi o pior momento da minha vida. Já não comia, não bebia mais nada. Pesava 63 quilos.

Perdi a noção da realidade por completo. É profundamente constrangedor, mas eu vivia dentro de casa, chorando, nu... e, de repente, se sentia necessidade de defecar, defecava no chão da sala.

Logo depois entrava em sono profundo, dormia ao lado das fezes. Acordava melhor, mas via as fezes e a urina e chorava desesperadamente, porque achava que estava ficando maluco.

Não desejo isso a ninguém.

Logo depois da volta de Brasília, onde encenamos Gracias a la vida, o João Augusto montou um espetáculo chamado Mulheres de Tróia, baseado em *As Troianas*, de Eurípedes e na música de Chico Buarque de Holanda.

Um elenco gigantesco e eu quase não conseguia trabalhar. Tive de fazer um esforço horroroso por causa daquela ameaça:

– Cuidado com o que você diz em cena, senão nunca mais volta a fazer teatro na vida.

A morte do mestre

E foi exatamente nos ensaios de mulheres de Tróia que aconteceu uma coisa muito curiosa, que atribuo ao sobrenatural de Almeida. Afinal estávamos na Bahia, onde a feitiçaria e o candomblé correm soltos.

Certo dia, estávamos ensaiando a peça. No Teatro Vila Velha havia uma entrada pelos fundos, onde o elenco ficava esperando João Augusto chegar com a chave. Ele chegou, abriu a porta e todos nós descemos as escadas, um elenco de mais de vinte atores. E ninguém notou nada. O João Augusto foi o último a descer e quando o fez descobriu um pombo preto, tremendo. Pegou-o nas mãos, curioso e penalizado, porque estava ali sofrendo tanto. Então descobriu um trabalho de macumba, de feitiçaria.

O pombo tinha vários alfinetes espetados nele. Eram 7 alfinetes em cada parte do corpo. É terrível dizer isso, mas tinha 7 alfinetes em cada olho, 7 alfinetes no rabo, 7 alfinetes em cada asa, 7 alfinetes em cada pata, 7 alfinetes no bico, 7 alfinetes no peito, 7 alfinetes nas costas. Estava em estado de choque. João chamou o carpinteiro do teatro, o Seu Francisco, que havia nos acompanhado à Europa e que entrava em cena em alguns espetáculos do cordel. Ele era um Gran de Candomblé, e disse:

– Seu João, esse foi um trabalho feito contra o senhor, inimigos seus aqui em Salvador que puseram isso aí. Esse foi um trabalho feito para matar o senhor, e se o senhor pegou esse pombo o senhor pegou o trabalho. Agora não tem jeito, nós vamos levar o pombo lá pra cima do telhado do teatro, cuidar dele, porque se o pombo morrer o senhor vai morrer também.

Por três dias cuidamos do pombo, mas ele morreu. Isso se deu em outubro de 1978. Em novembro, menos de um mês depois, apareceram gânglios no pescoço do João Augusto, muitos. Ele começou a procurar médicos, mas o diagnóstico demorou. Uns achavam que era tuberculose, outros achavam que era uma infecção.

Ao final de janeiro de 79 foi diagnosticado com linfoma de Hodgkin – que é um câncer que se origina nos gânglios do sistema linfático –, em estado muito agressivo e avançado.

Perguntei a um pastor amigo, desses que vivem condenando a macumba como coisa do demônio:

– Mas o demônio, a macumba tem tanta força assim para matar uma pessoa? Nós não temos anjos da guarda, não temos elohins protetores? Como é que se mata uma pessoa assim?

Ele me respondeu:

– Se a pessoa não se cuida, se está aberta nas defesas dela, o mal se aproveita. O prazer do mal é te destruir.

Foi um período muito ruim, de uma tristeza imensa. Eu estava perdendo o meu diretor, com quem trabalhava há 9 anos, desde 70. João Augusto era um ídolo e um ícone para mim. Uma pessoa que admirava profundamente, o dramaturgo marxista leninista que desenvolvia comigo o trabalho político na sociedade baiana, profundamente respeitado, de uma intelectualidade incrível.

Aos 48 anos lhe surge o linfoma... Veio o tratamento, que acompanhei. Imaginem, estava em depressão profunda por causa da repressão, chorando a toda hora, sem conseguir comer, ameaçado pela polícia e vendo o meu mestre naquela situação, sabendo que iria morrer porque não havia solução. Eu o via definhar a cada dia, ele que não tinha ninguém em Salvador. Suas duas irmãs estavam no Rio de Janeiro; eram mais velhas, mas praticamente imprestáveis, digamos assim. Uma puxava de uma perna; a outra era louca, havia sido há pouco tempo liberada do choque elétrico e considerada recuperada. Então cabia a mim, e à atriz Maria Adélia, com o seu espírito maternal, cuidar do João. Eu me dividia entre a possível morte dele e a minha depressão.

Em 1979 continuou o processo contra mim, a tortura psicológica promovida pelo sistema.

Foi justamente neste período que surgiu na minha vida aquela que seria a minha mulher até hoje, Maria Auxiliadora, a Doia. Aliás, Auxiliadora mesmo: ela surgiu para me auxiliar a atravessar aquele momento difícil de 78.

A esta altura estava morando sozinho, como disse, no 20º andar de um prédio. De madrugada queria me jogar pela janela, tinha que trancar as janelas todas com cadeado. Passava mal, a casa era uma bagunça só.

Em meio a essa confusão mental surge a Doia, nós ainda muito jovens, querendo me namorar. Não conseguiria amar ninguém, sequer me amava, estava perdido. Mas ela foi uma grande companheira nesse momento, esteve ao meu lado até a morte de João Augusto, em 25 de novembro de 1979, o que foi um choque muito grande.

Ele ficou internado em coma por 8 dias no hospital. Ia visitá-lo todos os dias. Mas a esta altura as irmãs dele tinham vindo do Rio de Janeiro, tomaram conta do João como galinhas protetoras do seu pinto. Já o haviam o colocado debaixo de suas asas, a ponto de um dia eu ser corrido do quarto dele.

A suíte do hospital estava sempre lotada: as irmãs, uma enfermeira amiga delas que veio do Rio de Janeiro, os companheiros da Bahia, os companheiros políticos e de teatro, todos o visitavam. Não havia espaço para um momento a sós com ele.

Houve um dia, contudo, em que cheguei ao hospital e todos haviam saído, alguns para trocar de roupa, outros para descansar. Só estava lá a tal enfermeira. Lembro que me sentei no chão, do lado da cama do João e comecei a chorar. Foi quando a enfermeira me disse:

– Bemvindo, não chora, faz uma oração para ele poder partir logo. Ele está preso aqui. Faz uma oração para que ele parta logo, para que se liberte.

Aí me acalmei, rezei o Pai Nosso, entregando a alma dele. Antes que terminasse de orar, ela se levantou apressada, foi segurá-lo entre as mãos. Eu perguntei:

– O que foi?

– Ele está morrendo.

E estava mesmo, só havia esperado que alguém o libertasse.

Depois disso, perdi o rumo. Porque o João me orientava. Era 18 anos mais velho do que eu, um homem mais maduro. Eu tinha uma fé muito grande na ideologia dele, sobretudo no trabalho artístico, em tudo o que aprendi em arte com ele.

Com a morte do João nós demos um tempo no teatro.

Como eu estava ameaçado de nunca mais poder fazer teatro na vida, me recusava a entrar em cena para atuar em qualquer coisa.

Foi por isso que, após um período de luto, passei a dirigir: dirigindo espetáculos não entrava em cena, ficava nos bastidores, comandando o elenco.

O Gabriel, meu amigo, continuava morando no apartamento em Ondina. Eu o havia apresentado para a Doia, a qual conhecera por meio da Ruth Escobar em 1979, enquanto preparávamos o Show da Anistia, que vou relatar à frente. Ela se apaixonou por mim, simplesmente porque eu estava incapacitado de me apaixonar por alguém, em plena depressão. Não enxergava nada à minha frente.

Após a morte de João, em que ela estava ao meu lado, não deixei a peteca cair. Resolvi continuar o trabalho do grupo do Teatro Livre da Bahia e dirigi-lo. Era o começo da década de 80, já que o João morreu no estertor da década de 70.

O show da Anistia

79, ano em que fui apresentado por Ruth Escobar àquela que seria a minha esposa até hoje, Maria Auxiliadora, foi um ano muito fértil.

No ano anterior, fora fundado o Comitê Brasileiro pela Anistia, sob o comando do general Peri Bevilacqua. Sim, por incrível que pareça, foi um general golpista quem deu o sinal verde para a fundação do Comitê.

Em Salvador fui um dos seus representantes, e era preciso verba para sustentar a luta. Então organizei, com o beneplácito do teatro Vila Velha, o primeiro show brasileiro pela anistia. Reunimos mais de 40 artistas de renome nacional cantando pela anistia no teatro Vila Velha. O sucesso foi tão grande que as portas do teatro foram arrombadas, a multidão se espalhava de fora para dentro.

Montamos o show com muita garra. Fomos convidando os artistas aos poucos. Quando vimos, Gilberto Gil, Pepeu Gomes, Baby Consuelo, Alceu Valença, Moraes Moreira, Galvão, Jardes Macalé, Luiz Melodia, entre outros, haviam aderido ao movimento.

Íamos acertando as datas com os artistas. Eu fui negociando a realização do show com a Censura Federal, afinal era uma manifestação pela anistia em plena ditadura.

Em acordo com a Censura Federal, que no final do governo Geisel estava já em processo de abertura, ficou estabelecido que a gente podia fazer o show no teatro, mas sem dizer que era pela anistia e sem discurso político. Só permitiam música. Teríamos que enviar, com 48 horas de antecedência, a listagem dos cantores e artistas que iriam se apresentar. Demoramos um bom tempo preparando essa liberação.

Não precisamos dizer que era um show pela anistia, não houve necessidade, porque a notícia se espalhou facilmente. Vivíamos numa ditadura e qualquer meia palavra bastava, qualquer gesto, qualquer símbolo ganhava um significado muito grande. Todo mundo sabia o que aconteceria naquele dia no Teatro Vila Velha, com ingresso pago e a renda sendo revertida para a anistia.

Só faltava um artista aderir, de grande renome: Caetano Veloso. Caetano fazia corpo mole, fugia, não dizia nem sim nem não e a gente precisava do nome dele. A sua ausência enfraqueceria o movimento. Mas não havia quem o convencesse. Ou porque ele não se interessava pelo show, ou porque tinha raiva do socialismo. Foram necessários mais de 40 anos para que ele perdesse essa raiva.

Como ninguém conseguia convencê-lo, Ruth Escobar, que era uma das organizadoras do Movimento Feminino pela Anistia e do Comitê Brasileiro pela Anistia, foi a São Paulo.

Formamos uma pequena comissão, eu, Ruth Escobar e o deputado federal pelo MDB (na verdade ligado ao Partido Comunista), Fernando Santana. A comissão dirigiu-se ao Teatro Castro Alves, onde Caetano estava fazendo um show. Eu era conhecido como presidente do Sindicato da Associação de Artistas da Bahia, por isso pude entrar pelos fundos do teatro. Os funcionários nos encaminharam para o camarim de Caetano.

Ficamos lá sentados esperando. Quando acabou o show e a porta do camarim se abriu, entraram Caetano e Dedé Gadelha, a mulher dele da época. Esta viu a Ruth Escobar e a gente lá dentro e teve um ataque histérico. Começou a sapatear e a gritar:

– Saiam daqui, fora! Tirem esta mulher daqui de dentro, fora!

Caetano tentava acalmá-la e a gente ia sendo expulso do camarim.

Fomos para um saguão contíguo. A Ruth Escobar disse:

– Eu não sei o que está a acontecer...

Mas a Dedé veio atrás:

– Eu não quero ver essa mulher!

Ninguém entendia nada. Caetano também veio. Estava reticente em participar do show da anistia, é preciso ter isso claro, e estávamos no meio daquela confusão toda sem entender nada. Até que Dedé gritou, apontando para Ruth Escobar:

– Por causa dessa mulher eu quase morri, quase perdi meu filho!

Ruth disse:

– O quê, ainda aquela história do abacate?

Piorou, agora aquele mistério da história do abacate. A Ruth, com seu sotaque português, disse:

– Eu vou contar essa história pra vocês. Estávamos na casa da Maria Abujamra, irmã de Antônio Abujamra, todos brincando. A Dedé também estava lá.

Dedé a interrompeu:

– Eu estava grávida do meu filho!

Mas a Ruth continuou:

– A gente começou a brincar de jogar cerejas, passas, amendoim, uns sobre os outros. Eu peguei um abacate e joguei. Bateu na cabeça de Dedé...

– E eu quase perdi meu filho por causa disso!

– Olha, se eu soubesse que jogando um abacate ia transformar você nesta coisa vermífuga, nesta coisa horrorosa, de direita e reacionária, eu tinha jogado uma melancia na sua cabeça, porque ela é verde por fora, mas vermelha por dentro.

Piorou de vez a situação. Dedé continuava em surto, Ruth prosseguiu:

– Mas você ainda não esqueceu isso, não fez psicanálise? Fica tantos anos amargurada, pensando no abacate que te joguei sem querer na cabeça? Que coisa! Que mulher mais estranha!

Dedé não parava de fazer escândalo.

Uma vez acalmados os ânimos, Caetano ficou numa saia justa, porque se ele se negasse mais uma vez a participar do Show da Anistia, estaria dando razão à histeria da mulher dele.

Sem querer, com o sectarismo, com a histeria dela, Dedé levou Caetano a ter que aceitar o convite.

Saímos de lá vitoriosos.

No dia do show, à tarde, estava eu no Teatro Vila Velha recebendo pessoas, preparando os camarins, administrando tudo quando aparece José Celso Martinez Corrêa. Grande homem de teatro, grande pensador, mas um agitador de primeira, um criador de caso. Viera de São Paulo com uma lata de filme debaixo do braço e disse para mim:

– Bemvindo, aqui está o filme que eu fiz sobre Angola. Quero passar hoje à noite.

Expliquei que a programação já havia seguido para a censura e não sabia se seria possível. Liguei para a censura, com Zé ao meu lado:

– Doutora, o José Celso está aqui com um filme de Angola, a gente queria incluir na programação.

– Ela disse:

– Mas esse filme está proibido em todo território nacional, vocês não podem passar.

Transmiti suas palavras ao Zé. Ele replicou:

– Não, não está proibido não.

Repeti isso para a doutora, que aumentou a temperatura:

– Está proibido sim e ele sabe disso, está querendo criar um caso, um absurdo!

E ficou por isso.

À noite, em pleno show, com o teatro superlotado - a massa jovem toda contra a censura, contra a ditadura -, chega Caetano no palco. Naquela melosidade dele, com a sua idiossincrasia, diz:

– Zé Celso tem aqui um filme que ele fez em Angola, e que a censura está proibindo de passar aqui pra vocês. Vocês acham que ele deve passar o filme?

Claro que a base começou a gritar:

– Passa o filme, passa o filme!

A gente foi perdendo a calma, porque a Polícia Federal havia dito que se a gente fizesse discursos, se saísse fora do que estava no relatório, ela ia invadir o teatro e proibir o show.

Caetano então falou:

– Eu vou chamar o Zé Celso pra passar o filme.

Zé entrou no palco, todo feliz. Voltou ao camarim para preparar a projeção. Neste momento, o deputado Fernando Santana, que era um homem gigantesco, embora já idoso, junto com mais 2 ou 3 seguranças, enquadrou o Zé e o prendeu num camarim, onde ficou trancado, sob vigilância, até o final do show. Quando acabou o evento ele foi liberado, mas não passou o filme.

Toda essa confusão graças à boa vontade, ao voluntarismo de Caetano Veloso.

O show, o primeiro a favor da anistia no Brasil, foi um fenômeno. O Jornal do Brasil deu a página inteira do primeiro caderno a ele.

Como Ruth Escobar ficou rodando por Salvador depois disto, organizando comitês de anistia, negociando com políticos, e tudo mais, acabou me apresentando a minha mulher, aquela que seria a minha parceira por toda a vida.

Regulamentando a profissão de ator

Em 1979 a depressão não me permitia distinguir o real da ilusão, vivia numa grande confusão. Mas nem assim parei de fazer coisas.

Em 1978 nós havíamos conquistado o direito à lei que regulamenta a profissão de artistas e de técnicos profissionais. Era o resultado de uma luta de mais de 30 anos, em que colaborei ativamente, junto aos sindicatos do Rio de Janeiro e de São Paulo. Fui assim um dos que trabalharam pela lei 6533. Tanto que, por isso, em plena ditadura militar, mesmo sendo eu comunista, recebi do Ministério da Educação o primeiro registro profissional, que de hábito era concedido aos presidentes das entidades representativas de classe associações.

Recebi o registro nacional número 1, da folha 1, do livro 1, da Delegacia Regional do Trabalho da Bahia. Assim como a Vanda Lacerda o recebeu pelo Rio de Janeiro, e Nani Abramo por São Paulo. As duas queridas colegas lamentavelmente já faleceram. Eu continuo como o artista número 1, criador da lei 6533, que regulamentou a profissão de artista em dezembro de 1978.

Em 1979, no auge da minha depressão, não me rendi. Consegui evitar aceirar o que o Vandré aceitou. Não me curvei; apesar do arroxo, preferi quase morrer a descontinuar a luta.

Convocamos um seminário nacional de teatro na Bahia, ao qual compareceram as presidentes do sindicato dos artistas e técnicos de São Paulo e do Rio de Janeiro, além de representantes das associações do Rio Grande do Sul, Pernambuco, Minas Gerais e

Bahia. Nos reunimos na Biblioteca Central da Bahia, em Barris, discutindo vários assuntos da categoria, já que nós havíamos regulamentado a lei. Ainda que estivesse muito ruim de cabeça, consegui tomar junto a eles atitudes muito corajosas, a mais importante delas uma atitude rebelde da política unida. Explico:

Os metalúrgicos do ABC precisavam criar uma Intersindical, porque cada sindicato, mesmo sendo metalúrgico, tinha de obedecer à Federação e à Confederação metalúrgica, pelega, ligada diretamente ao governo. Mas eles não o podiam fazer, não havia precedente para isso.

O que fizemos? Como éramos artistas, e ficava muito mais difícil perseguir a nós todos, neste Seminário da Bahia criamos a primeira Intersindical brasileira, a Intersindical dos artistas e técnicos. Passamos por cima da nossa Confederação, já que até então éramos ligados à Confederação dos Editores de Livros e Livreiros do Brasil.

Desafiamos assim a Ditadura Militar, mas abrimos com isso o caminho para que os metalúrgicos do ABC criassem a sua Intersindical. Fomos muito felizes nisso, e é de boa memória essa nossa luta.

Eu é que não podia estar propriamente feliz. Minha cabeça estava a mil e a zero, misturava tudo, e no meio do seminário eu não sabia nem onde estava. Porque a Lélia Abramo e a Vanda Lacerda eram comunistas, eu era comunista, os companheiros do Recife eram comunistas, e isso acabou fazendo com que já não soubesse mais se aquilo era uma reunião de diretores de associações e sindicatos de artistas ou se cada um era representante de um estado para o estabelecimento do Comitê Central do Partido Comunista.

Eu estava completamente comprometido. As pessoas me cumprimentavam:

– Parabéns, parabéns, Bemvindo!

Achava que aqueles cumprimentos eram porque eu havia sido eleito para o Comitê Central do Partido Comunista, tamanha a ambiguidade que a depressão gerava em minha mente.

Pudera! Concomitantemente àquela vitória da categoria artística, eu estava acompanhando a enfermidade do João Augusto, que definhava. Ele havia se mudado para outro apartamento, sozinho, preparando a sua passagem, digamos assim. Tinha milhares de livros, milhares de obras de arte, e passava o dia separando as coisas, doando-as, descartando-as etc. Já estava completamente transformado, e com a doença dele nós não produzimos nada na área teatral na Bahia em 1979. Aquilo me doía demais, foi um ano muito triste, improdutivo. E ele havia se transformado em uma outra pessoa, os gânglios inchados, sem pelos por causa da quimioterapia, magérrimo.

Eu me sentia impotente diante da morte. A morte é uma coisa que me dá raiva! A morte roubou-me a minha mãe quando eu tinha 15 anos de idade. Foi a partir dali que passei a odiar a morte. E talvez eu transporte esta raiva para a raiva do fascismo, que é a mesma coisa que a morte.

Eu ainda não tinha iniciado a psicanálise, então piorava a cada dia.

Um dos sintomas mais estranhos e até vexaminosos era a regressão à infância. Houve uma época em que passei dias soltando pipa (papagaio) com crianças de 10, 11 anos. Ia para a praia e brincava. Quando perdia a pipa voltava a pé pra fazer outra rapidamente com papel de seda. Isso apenas para dar uma ideia, era tudo misturado, um caos! E é no meio deste caos que Ruth Escobar me apresenta Doia.

Ruth havia montado uma peça com estórias do Henfil, e Doia tinha sido sua administradora, viajando pelo Brasil com ela.

A atração foi mútua. Ela era como sempre foi, uma mulher maravilhosa. Éramos jovens e ela, belíssima! Vestia roupas coloridas, grandes saias rodadas, saltos altos, uma mulher executiva, muito bem maquiada. Doia é economista, foi executiva, assessora da Prefeitura Municipal de Salvador, Assessora do Governo da Bahia, trabalhava captando recursos do Banco Mundial. Era uma mulher muito dinâmica, cheia de energia, como é até hoje.

Me encantou profundamente, mas eu não conseguia enxergá-la direito, porque estava vivendo em profunda depressão, preparando a morte de João Augusto, assumindo a direção artística do grupo Teatro Livre da Bahia. Deus sabe como, foi neste contexto que Doia entrou na minha vida amorosa, profissional e artística. Sua presença me deu uma vida.

Um mês depois de João Augusto morrer ela me chamou e disse:

– Vamos refazer o Teatro Livre da Bahia, que vamos chamar de Livre Teatro Livre da Bahia. Vou entrar de sócia com você, e vamos começar a produzir nós mesmos. Não vamos deixar a peteca cair.

Eu me imbuí de um espírito mítico, místico: era o herdeiro artístico de João Augusto. E tocamos o barco pra frente!

Primeiros passos ao lado de Doia

No dia seguinte ao velório de João Augusto, Doia e eu fomos alugar em Brotas uma casa de 34 cômodos, que precisava de reformas. Queríamos transformá-la em casa de cultura.

Doia ia à frente, captando recursos. Reformamos a casa, pintamos, criamos uma oficina de serigrafia, uma biblioteca, salas de ensaio, quartos de hóspedes para grupos de fora que viessem para a Bahia, depósitos para que outros grupos pudessem guardar seus materiais.

Era um projeto muito à frente da época, não conseguiria se manter com pequenos shows e apresentações, não podia dar certo. As casas de cultura só iriam se firmar e proliferar 10 anos depois. Mas nós fizemos a nossa, e boa parte das pessoas do grupo foram morar lá, cada um tinha seu quarto. Havia um casal que organizava a casa. O rapaz cuidava da manutenção, e a senhora dele, da comida para a comunidade que criamos. Eu mesmo morava na casa. Foi uma experiência fantástica, a Casa de Cultura, um momento muito bonito, de muita luta. Fazíamos camisas pra vender. Eu dei uma oficina de teatro. Apresentamos um espetáculo resultante da oficina no subsolo do teatro Castro Alves, no início de 80. Neste momento eu já tinha uma relação amorosa com a Maria Auxiliadora, a Doia.

A Casa de Cultura já não nos bastava. Partimos então para a ideia de um circo. Era preciso alavancar tudo que tínhamos em mente e, para tanto, resolvemos ter um circo-teatro.

Para isso compramos um circo.

Trans Neves Circo

A doença e morte do João Augusto encerrou um ciclo na cultura baiana. A partir de 1980 ela toma outro rumo.

Curiosamente ele morre com a anistia, quando começa o processo das lutas pela liberdade. Mas é quando o rei morre que mais facilmente proclama-se a República. Assim, muitos grupos de teatro jovem, frutos do trabalho do Teatro Livre da Bahia, ou seja, do nosso trabalho, surgiram no estado. O teatro alternativo e o teatro baiano cresceram muito a partir de tudo isso.

No Brasil todo o teatro mudava. A direção teatral de João Augusto para mim representou o aprendizado de uma metodologia de interpretação inovadora no país. Na verdade, só há um método de interpretação que grassa no mundo, o do Stanislavski, um diretor russo dos séculos XIX e XX. Trata-se de um método psicológico, que leva alguns colegas, diretores ou professores, a dizer que em cena o que deve ser visto é apenas o personagem. O público não deve ver o ator, e ainda menos a pessoa do ator, que deve estar em cena completamente imbuída da personagem, em transe, vivenciando-a com toda a verdade psicológica possível.

Isso se quadra muito bem ao drama e à tragédia, mas não se aplica tão bem à comédia, nem a textos políticos, como propôs Brecht. Mas este não nos deu um método. Brecht construiu uma teoria em que, baseado no processo do circo, propôs que além da personagem o público visse o ator trabalhando. Através de um corte que a personagem oferece, de repente, por alguns instantes, é o ator quem está falando com o público. O ator tira a máscara e dirige-se ao público como profissional da interpretação.

Brecht desenvolveu isso, entre outras coisas, como forma marxista de evitar a alienação do produto do trabalho, no qual o trabalhador não está refletido. A gente não vê o trabalhador que produziu determinado produto. O "distanciamento brechtiano" envolve mostrar o personagem de lado, e dizer: "Olha, ele é assim, como estou mostrando para vocês. Eu, que sou o ator, sou assado e estou fazendo o personagem desta forma. Vamos fazê-lo juntos?".

Além de desalienar o ator, o processo brechtniano tem talvez o fito principal de tirar a plateia da hipnose, da alienação. Sim, toda vez que você está lendo um livro, vendo um filme ou uma novela, entra em uma relativa hipnose, passa a viver naquele mundo. Existem comprovações disso. Mas, como sabemos, a psicanálise também trabalha com uma espécie de hipnose rebaixada, uma semi-hipnose. O analisando entra em hipnose pela posição no divã, pela pouca luz e principalmente pela melodia da própria voz. Aí de repente entra o analista, faz um corte, uma observação ou uma pergunta, e traz o analisando do seu mundo subconsciente da semi-hipnose para o mundo consciente. Desta forma pode tratar, com a razão, seus traumas e sua subjetividade. É claro que é muito mais que isso, mas essa noção básica serve ao propósito de entender o que pretende Brecht. Quando o ator tira a máscara do personagem e se mostra como ator, o público necessariamente sai da hipnose e pensa sobre o conteúdo que está recebendo. Depois o ator retoma a máscara, o público mergulha na hipnose novamente, até que, em determinado momento crítico, o processo se repete. Havia uma intenção de conscientização política do público em Brecht.

Mas João Augusto, como vimos, foi além, permitindo que o público visse a personagem, o ator e a pessoa do ator. Porque o ator não é a pessoa, o ator é um profissional. Por isso fazia peças com os atores trocando de roupa em cena, esperando o momento de atuar sentados no chão do palco, assistindo à peça.

Graças ao João, diante de muitos diretores caretas, fui visto como ator indisciplinado, que não respeita o texto, as marcas, um ator que se autodirige em cena. Nada disto! Eu sou um ator liberto, não alienado. Eu sou um profissional que, antes de mais nada, é uma pessoa.

No caso, por exemplo, da maioria dos galãs da televisão, você só conhece a personagem e o ator, não conhece a pessoa. Não sabe o que ela pensa politicamente, religiosamente, como é a sua vida amorosa. Ela se fecha em copas. Você só conhece um pouco do que ela pensa através das revistas de fofocas.

Como eu dizia, decidimos Doia e eu comprar um circo, para fazermos circo e teatro.

O circo-teatro foi desaparecendo no Brasil, mas o circo sempre apresentava uma primeira parte propriamente circense, com trapézio, rola-rola, bicicleta, equilibristas, malabaristas, mágicos. Na segunda parte realizava-se uma dramaturgia circense, muito própria. A luz do circo é a luz geral, branca, não há meias-luzes ou quebras de luz, como no teatro. Isso tudo diminui a ilusão do espetáculo. Além disso, um ator de circo deixa ver a personagem e o ator.

No nosso circo, representando dramas ou comédias, os atores falavam com o público. Mas apenas narravam o texto, porque estavam preocupados, olhando pro barraco deles para saber se o feijão estava queimando, se o bebê estava saindo do berço etc.

Compramos o circo em 1980. Fomos à periferia de Salvador, ao bairro de São Cristóvão, naquele tempo longe do centro. Lá havia um pequeno circo, de um mastro só (os circos são classificados pelo número de mastros, quanto mais mastros têm, mais público comportam). Este chamava-se Trans Neves Circo. Pertencia à família de dona Carmelita. Era uma família marginalizada no mundo circense porque era negra, e o circo, por preconceito, não aceita artistas negros. Uma das primeiras coisas que o artista circense faz, aliás, é oxigenar o cabelo e evitar o sol, para poder parecer europeu, mas também para refletir mais luz.

Fomos lá numa tarde, princípio de noite. Era um cirquinho de lona furada, em que chovia dentro. Um cirquinho de bairro, quase um pano de roda. Dona Carmelita trabalhava na bilheteria. Ela mesma criava os dramas que seriam apresentados no circo depois que fechava a bilheteria. O filho dela era o palhaço Bomba-d'água.

Uma filha fazia equilibrismo; a outra, contorcionismo. Um genro fazia mágica e assim por diante. Havia um anãozinho com uma cachorra amestrada.

Chegamos um pouco antes de começar a função.

Dissemos:

– Queremos comprar seu circo, a senhora quer vender?

Ela respondeu de pronto:

– Vendo!

E vendeu na hora. Assinou em a venda num papel de folha de caderno. Custou barato, não há parâmetro, mas penso que algo como dez mil reais de hoje. Feita a compra, começamos a nos preparar para ir embora. Carmelita não deixou:

– Não senhores! O circo é de vocês. A senhora assume a bilheteria *(Doia virou bilheteira na hora)* e o senhor, como dono do circo, vai lá assistir o espetáculo.

Era tudo muito pobre, um circo popular, com a plateia composta por lumpesinato. Além de pobres, não obedeciam às regras circenses. Por exemplo: o anão não pode falar em cena. O anão só serve para baterem nele, para lhe jogarem farinha. E para limpar o picadeiro para o próximo número. Mas o palhaço desse circo era o Seu Tampinha, um anão. Quando entrava em cena a plateia não tinha nenhum respeito, gritava:

– Tamborete de puta!

E ele dizia:

– É a puta que lhe pariu!

Uma coisa horrorosa, impressionante. O trapezista, filho da Dona Carmelita, negro, quando subia no trapézio fazia o público gritar:

– Olha o ladrão! ladrão no telhado!

Ou seja, todo o desvio ideológico de uma classe lumpesinal, de uma classe sem consciência de classe se manifestava na plateia contra os humildes artistas circenses.

Terminava o espetáculo daquela noite. Doia havia feito a bilheteria e a gente agora tinha um circo, com arquibancada de 400 lugares, lona furada. Era responsável por mais ou menos 15 empregados, porque além do pessoal que entrava em cena, havia 2 ou 3 marreteiros, aqueles que batem as estacas do circo, levantam a lona, vão até o cimo do mastro. Geralmente, nestes circos do interior, os marreteiros eram ex-presidiários, que não conseguiam emprego e acabavam ali, em troca de um prato de comida.

Fomos apresentados aos artistas, digamos assim. Eles fizeram uma fila indiana, com o anão à frente, o qual nos perguntou:

– Os senhores vão nos dar os 15 dias?

Fiquei pensando em que diabos era aquilo. Ele explicou:

– Os "quinze dias" é se os senhores vão nos demitir ou vão continuar com a gente?

Comunistas que éramos, respondemos que não iríamos causar desemprego nenhum. Estavam todos contratados, deviam trazer a carteira para a gente registrar. Disseram que não trabalhavam com carteira assinada.

Fiquei surpreso. Era presidente de uma associação profissional de artistas técnicos, com leis que tinham sido regulamentadas por mim, e não podia assinar a carteira deles porque se recusavam a trabalhar registrados. O anão percebeu meu pasmo:

– Não, é que a gente funciona assim, o senhor nos dá os 15 dias quando quiser nos dispensar e nós lhe damos 15 dias para o senhor poder arrumar um substituto quando quisermos sair.

Aceitei suas regras. Herdamos um circo com anão, cachorro e tudo mais – e saímos pelo mundo afora. Tínhamos, além de uma Casa de Cultura grande, de 34 cômodos em Brotas, um circo de 400 lugares.

Começou outra luta. A lona estava rasgada e a gente não entendia nada de circo. A nossa visão era a mais de classe média possível: circo é mundo encantado, lindo! E aquele era um horror, pobre, daqueles que nem tinham *trailers*, mas apenas barracas de pano em que as pessoas cozinhavam. Havia crianças andando nuas, defecando no chão do circo. E eles criavam galinhas, que durante à tarde usavam a arquibancada como poleiros, enchendo-a de titicas. Na hora do espetáculo, tiravam as galinhas dali e limpavam as titicas para o povo se sentar. Era um mundo que podia ser tudo, menos maravilhoso.

Resolvemos dar qualidade de vida àquela gente, e outra qualidade ao circo. Instalamos 2 mastros, aumentando a capacidade de público para 1.200 lugares. Compramos uma lona de 600 metros quadrados, encontramos quem entendia de cortá-la e cozê-la, enceramos a dita cuja, erguemos, impedimos que se formassem barrigas, que acumulariam água na hora da chuva, podendo pelo peso fazer desabar a estrutura inteira...

Um negócio de enlouquecer.

Visão burguesa e cultura popular

Construímos um picadeiro para o circo, que foi decorado com belas pinturas. Limpamos a entrada. E passamos a lidar com as dificuldades de um circo pobre.

A estrutura dos circos é, antes de mais nada, familiar. Há grandes famílias circenses, como a Garcia e outras, com tradição no ramo. Entre elas existe uma hierarquia; o respeito que atingem depende da história que têm.

Lembro que, quando a gente fazia nossos espetáculos, vinham nos ver famílias de outros circos que estavam em Salvador, e perguntavam de que família nós éramos. Dizíamos que pertencíamos a um grupo de teatro.

– Ah, sim, respondiam esnobando.

São como ciganos, têm famílias que lideram os grupos. Mesmo um circo pequeno é tocado por uma família. Mãe, pai, filhos, genros, todos trabalham em função do espetáculo.

Foi com horror que passamos gradativamente a entender como funcionava aquela estrutura. O dono do circo, pelo menos naquela época, tinha um poder absurdo, podia castigar fisicamente quem descumprisse uma regra. Mas o castigo físico era muito pouco usado, o que se aplicava era o sistema de multa, um sistema exploratório, terrível! Por exemplo, se um circense deixava de fazer a barba recebia uma multa que seria descontada de seu salário. Se andava sem camisa, se ficava no bastidor observando os números aos quais não pertencia, era penalizado.

No fim a multa era tanta que os circenses tinham muito pouco salário para receber. E não havia solidariedade entre eles, quando alguém cometia alguma falha, era denunciado.

As meninas solteiras incorporadas ao circo, para arrumar namorado, tinham de pedir autorização ao dono, dizendo qual era o seu pretendente.

Há uma expressão francesa que diz: *le cirque est la ville dans la ville,* ou seja, o circo é a cidade dentro da cidade. Tem vida própria, dentro dele é uma outra história, diferente do mundo lá fora.

Seguindo esta tradição, as senhoras, por exemplo a mulher do mágico, para fazer compras no mercado ou comprar um vestido vinham pedir autorização a mim.

– Seu Bemvindo, eu posso deixar o circo amanhã, por uma hora? Preciso ir à cidade, no mercado.

Isso nos oprimia como progressistas, socialistas. Tínhamos uma visão romântica do circo e de repente nos deparamos com uma estrutura empresarial selvagem, medieval. Pré-capitalista.

O circo passou uns dois meses parado para reformas, e a gente pagando o salário aos circenses.

Afinal colocamos o circo no Dique do Tototó, um lugar central de Salvador. Doia, que estava acostumada a trabalhar com captação de recursos, levantou dinheiro de diversas empresas.

Sim nós tínhamos uma visão muito pequeno-burguesa do que seria aquilo. Por exemplo, o pessoal do circo faz a cerca com as lonas, com as barracas, os trailers, os caixotes em volta. Delimitam um pequeno espaço com seus pertences. Nós não, resolvemos fazer uma cerca de madeira. Compramos milhares de sarrafos, cismamos de aparafusá-los, pra poder desmontar a tal cerca e viajar com ela. Passamos quase um mês apertando parafuso, e quando fomos depois desmontar a geringonça os parafusos estavam todos enferrujados pela chuva, inamovíveis. Quer dizer, juntando a visão pequeno-burguesa com o amadorismo de quem não entendia nada da profissão circense, não tínhamos nada, nenhum *know-how*, e tentávamos enfiar uma visão teatral, burguesa, dentro de uma cultura popular, que se move por si mesma.

Às vezes eu me sentia o próprio palhaço desajeitado. Foi tudo muito divertido e aterrador a um só tempo.

Apesar de tudo, estreamos o circo no final de 1980, com o espetáculo chamado Almanaque do Teatro Livre. Era um teatro de almanaque mesmo, Almanaque do Biotômico Fontoura, almanaque do Capivarol. O nosso grupo já era especializado no teatro de cordel, ou seja, literatura popular em verso. Então resolvi experimentar o teatro popular em prosa, ou almanaque.

O espetáculo era uma coisa muito bem bolada, começava com um desfile de todos os membros do circo, carregando à frente a bandeira nacional e a bandeira da Bahia, ao som do hino do Senhor do Bonfim. Como ainda estávamos na ditadura, para usar a bandeira no desfile tivemos que ir conversar com o comandante da Região Militar, explicar por que a gente a usaria. Era necessária uma licença especial para desfilar com ela. Deram-na, mas com uma série de restrições, entre elas a de que o pavilhão nacional deveria estar sempre erguido acima de qualquer outro.

O espetáculo se dividia em duas grandes partes. Os números circenses, apresentados pelos artistas do *staff* antigo, e a parte teatral, feita por nós. Fizemos várias peças de dramaturgia de circo: Ré misteriosa; Madame X; Filho assassino por culpa de mãe; Maconha, a erva maldita; São Gonçalinho. Era uma dramaturgia que colhi junto ao circenses.

Entravam os atores de teatro misturados com os atores circenses, trabalhando os dramas de circo no final de cada apresentação. Tivemos todo tipo de dificuldade com os figurinos, com os camarins. Com lona furada. Chovia, a umidade entrava. Os atores tinham que vestir figurinos molhados para entrar em cena. E eram atores da classe média, ficavam horrorizados com aquilo. Se horrorizavam com as fezes das crianças no chão, com as titicas de galinha na arquibancada, com as roupas úmidas, o cheiro peculiar do circo, a falta de água corrente.

As prefeituras do Brasil não destinam espaços para o circo; uma das maiores dificuldades é encontrar lugar nas cidades em que se chega. É claro que, assim, não há água corrente. A água é solicitada aos vizinhos, balde em punho. Iluminação é outro problema;

deveria ser oferecida energia trifásica, porque as luzes do circo precisam ser acesas.

Colocar um circo para funcionar é uma maratona.

Estreamos o espetáculo Almanaque do Teatro Livre com cinquenta e tantos artistas, numa experiência de fundir os artistas de classe média com os circenses para que aqueles aprendessem a interpretação popular. E para que os circenses tivessem a experiência do teatro burguês, de elevação do nível cultural, de compreensão. Não que o nível popular fosse inferior ao nosso, mas aqueles circenses pertenciam ao lumpesinato, não eram nem do proletariado.

Esqueletos flutuantes

Em 1981, segundo ano do circo, todos os atores de teatro que tinham sido escalados haviam sumido. Isso se deu pouco a pouco, não foi nenhum movimento rebelde. Ora algum deles debandava por não gostar das roupas úmidas de chuva, ora outro não gostava das fezes das crianças no chão; outro, das galinhas empoleiradas nas arquibancadas; outro, da distância a que o circo ficava do centro de Salvador; outro não gostava da plateia. Cada um tinha lá a sua contrariedade, e com razão, sem dúvida, mas ao mesmo tempo demonstrando sua origem de classe.

Com isso ficamos eu e Doia com uns 15 artistas circenses, entre eles 2 ex-presidiários. Estes eram pau para toda obra, mas brigavam muito entre si. Discutiam por um prato de comida, puxavam faca. Várias vezes a polícia era chamada para apartar briga deles com outras pessoas. Eram dulcíssimos em relação a mim e à Doia, porque éramos os patrões, lhes dávamos comida. Literalmente comiam na mão do dono.

De qualquer forma o circo, que havíamos adquirido para apresentar teatro, estava agora reduzido aos pobres circenses e a nós dois.

Nesta época havíamos trocado o palhaço oficial. Não era mais o Bomba D'água, era o Melão. O palhaço não era mais negro, era branco de olhos azuis, vinha de uma antiga família de circo então decadente, a família Perroni. Perroni era como o chamávamos; a mulher dele era uma loura branca, como o filho e a filhinha dele.

O filho fazia malabarismos com bicicleta, a filha fazia trapézio, a mulher, mágica. E ele era o palhaço oficial.

Assim, mesmo mantendo aquela família de circenses originais de Dona Carmelita, o poder passou para a mão do Melão e sua família.

As prefeituras, sem interesse pela nossa atividade, mandavam a gente para os lugares mais variados do subúrbio de Salvador. Como nosso projeto era de arte popular a gente aceitava, porque queria aprender e fazer arte com o povo. Ora, a arte mais natural do povo se dá no circo.

Em certa feita nos mandaram para Paripe, nos confins da cidade. Acontece que o terreno que nos deram era um plano que dava para um barranco que, por sua vez, tinha lá em cima um cemitério em ruínas. Então sobreveio a coisa mais horrível que se podia imaginar. Numa bela noite desabou uma chuva torrencial; parecia que tonéis eram despejados um depois do outro e aquilo foi causando uma inundação tal que o barranco começou a ser erodido, por fim desmoronou e um mar de lama invadiu o circo. Com água pela cintura, tentamos salvar o que podíamos – e eis que começam a vir flutuando em nossa direção cadáveres, caixões, esqueletos do cemitério.

Tentávamos salvar caixas de som, cadeiras, e passavam por nós os habitantes do cemitério. Experiência cruel. Reuni forças naquela hora pensando em Stalin, mais exatamente em sua fala do aço temperado: são essas experiências que geram a têmpera da gente, que provocam o que nos torna capazes de nos manter na luta. Eu, um ator, minha mulher, uma economista e produtora, ambos bem de vida, vivendo no conforto, de repente nos víamos numa madrugada tendo que esvaziar a água de dentro de um circo, salvar cadeiras, caixas de som e luminárias, enquanto lutávamos com cadáveres...

No meio dessa cena dantesca a mãe do Melão, a matriarca dos Perroni, de 90 anos, começa a agonizar. Estava na tenda dela, numa cama que àquela altura boiava, no meio da chuva torrencial. A gente tinha que atender à agonia mortal da mãe do palhaço, desviar dos cadáveres, resolver a situação de inundação, com a destruição parcial da lona do circo. E isso foi até o dia amanhecer.

Afinal a vida é "luta renhida", como diz Gonçalves Dias, viver é lutar. Não chorar, trabalhar, ir em frente, sempre em frente! Nós fizemos isso, mas que experiência terrível foi aquela.

O palhaço oficial

Ficamos a certa altura com cinco palhaços no circo: o Bomba D'água; o Tampinha (o anão); o genro de dona Carmelita, de quem não lembro o nome; o Melão e o filho do melão. Todos cinco faziam seus números. Eu não percebia a instabilidade que aquilo causava, o quanto aviltava a cultura circense, até que se juntaram todos e vieram a mim. Um deles disse:

– Seu Bemvindo, o senhor tem que decidir quem é o palhaço oficial.

Não compreendi:

– Como assim, são todos palhaços...

Eles protestaram veementemente:

– Não senhor, não é assim que o circo funciona! Nós temos que ter um chefe de palhaçaria, um palhaço oficial.

Eles me explicaram o que queriam dizer. O palhaço oficial é geralmente o mais velho, da melhor estirpe de família circense, maior detentor dos esquetes da dramaturgia de palhaço. É quem mais guarda na memória os números, os dramas circenses. Sem isso não há disciplina, cada um faz o que quer, eles alegavam. Decidimos que o palhaço Melão seria o oficial. E este não tem obrigação de entrar em cena. O dono do circo diz:

– Hoje nós vamos ter rola-rola, trapézio de balanço, malabarismo, mas eu quero no meio disso dois números de palhaço.

E aí cabe ao palhaço oficial escolher quais números serão feitos naquele dia, definir o elenco, além de dizer quais personagens terão falas, quais não. Ele mesmo só entra quando quer. Em geral só assiste ao espetáculo.

Instituído o Melão como palhaço oficial, a gente conseguiu reestabelecer a ordem, dando alívio ao coração dos outros, devolvendo-lhes o mundo que lhes pertencia tal como ele realmente era, como sempre foi e continua sendo.

Foi um grande aprendizado, porque a gente pensava que para ser palhaço bastava botar um nariz, um sapatão e sair fazendo graça. Não! Mil vezes não! Existe um *gestus*, como dizia Brecht, tem todo um gestual, toda uma linguagem corporal adquirida durante anos da experiência no circo. De nada adianta pegar um jovem estudante de teatro, vesti-lo a caráter e ordenar: "Você agora é um palhaço". O bom profissional do ramo tem a essência do palhaço, adquirida em uma longa vida de palhaçaria. E para ser mestre precisa conhecer todos os números, mais do que os outros – só assim pode ser reconhecido como o palhaço oficial com autoridade.

A vida não é um circo

Entre 1978, que marcou o início da minha depressão, e 82, quando voltei ao palco com o *stand up* Me segura que eu vou dar um voto, foi uma loucura enorme, que envolveu a perseguição da Polícia Federal, o meu afastamento dos palcos, a morte do João Augusto, minha união à Doia, uma separação dela, a compra do circo e um tratamento psicanalítico, tudo acontecendo de forma frenética e simultânea.

O circo não gerava renda e minha situação financeira ameaçava se deteriorar, mas a psicanálise me permitiu voltar ao trabalho, embora não como ator. Consegui um emprego como locutor de comercial numa agência de comerciais, a WR, de Wesley Rangel. Eu tinha boa voz e me chamavam para fazer spots de rádio. Ganhava umas 300 moedas naquilo, o que pra mim era uma fortuna. Dava pra manter minha vida e pagar minha psicanálise. Mas nada é perfeito, eu andava pirado com a perseguição que sofria da Polícia Federal e, como a agência ficava numa casa que não tinha placa alguma com a designação *WR Agência de Publicidade,* para mim ela podia ser uma agência do SNI, e eles estavam armando algo para mim. Eu ia lá, gravava o comercial com boa qualidade, mas na minha cabeça estavam juntando frases minhas pra fazer a montagem de uma confissão. Loucura, paranoia persecutória sim, mas eu gravava em pânico. Morria de medo disso, mas trabalhava e ia me recuperando, num processo em que a psicanálise foi fulcral.

O Primeiro *stand-up*

Em 1981 já havia vivido três anos em depressão, mas estava começando a me recuperar. Ainda não entrava em cena, não fazia espetáculos, porém o humor começava a voltar à minha vida. Foi quando o governo da ditadura resolveu perseguir Javier Alfaia, o presidente da UNE, que havia nascido na Espanha. Considerando que ele era estrangeiro, o governo brasileiro queria a sua expulsão.

Iniciaram-se então os atos nacionais em defesa da permanência de Javier Alfaia no Brasil. Fui convidado a comandar um deles no teatro Vila Velha, apresentando um grande show com a presença de todos os estudantes universitários.

O teatro ficou lotado em defesa de Javier, e passei pela minha primeira experiência com *stand up*.

Até então não vira nenhum show de humor, nunca tinha visto Chico Anísio, Juca Chaves, Jô Soares em cena, nada. Não tinha nenhuma noção disso, mas fiz um roteiro em que, além de anunciar os artistas e levantar slogans pela permanência de Javier Alfaia, resolvi incluir algumas piadas, algumas coisas de humor. Deu certo, o resultado foi muito positivo, o público vibrava com a ironia, e eu me sentia vivificado pela primeira vez depois de muito tempo. Enquanto ajudava a salvar Javier Alfaia, também salvava a mim mesmo, através do humor.

Isso me levou a criar, em 1982, o meu primeiro show de humor, e a voltar à cena como ator, rindo, brincando sozinho em monólogo. Eu dizia:

– Olha, o que eu falo não tem muita responsabilidade não, não precisa me matar, eu só estou brincando.

Foi um show de humor realizado no Teatro Maria Bethânia e feito com os olhos voltados para as primeiras eleições diretas para governador do período da ditadura. Dei o título de "Me segura que eu vou dar um voto" e o show foi um sucesso absoluto, durante os meses de junho e julho daquele ano.

Antes, em maio, com a psicanálise, eu já estava mais recuperado da grande depressão. Continuava trabalhando na WR, fazendo spots para rádios, ganhando o dinheiro que dava para fazer o mercado e pagar o aluguel. Neste momento havia me separado de Doia, e depois me mudara para um terceiro subsolo no bairro do Canela. Era um aluguel baratíssimo. Separado, não conseguia me manter sozinho no apartamento relativamente luxuoso do 20º andar do edifício Júpiter, na avenida Sete de Setembro, na Vitória. Então fui para o Canela. A situação se agravou e eu tinha dificuldades para comprar alimentos. Como o imóvel dava de frente para o mato, eu ia lá e catava mamão verde. Fazia moqueca de mamão verde, que comia com farinha e matava minha fome. Havia um outro vegetal rasteiro, língua de vaca, uma espécie de espinafre que também dá um excelente ensopado. Fora o mercado, eu me abastecia de coisas tiradas no próprio mato. Aquilo não me afetava, levava numa boa, estava bem recuperado da depressão.

Era chegada a hora da Copa do Mundo, quando os teatros fecham e todo mundo só pensa em futebol. Meu aluguel era baratinho, mas eu não tinha dinheiro, e era preciso comer. Como ninguém iria me contratar, resolvi fazer um show de humor, uma paródia política. Foi assim que surgiu o espetáculo Me segura que vou dar um voto.

Pedi então ao Eduardo Cambús, que era proprietário do Teatro Gamboa, que me cedesse o espaço às segundas-feiras. Era um teatro de 80 lugares, e eu pretendia com este show fazer um livro de ouro para arrecadar dinheiro entre os amigos. Calculei que se conseguisse uma vez por semana, durante 4 semanas, 40 assinaturas de livro de ouro a 5 ou 10 moedas, pagaria o aluguel e compraria comida até acabar a Copa do Mundo. Estava tudo certo, ele concordou e eu preparei meu show. Divulguei o evento na imprensa e ia estrear numa segunda-feira. No sábado anterior, porém, ele recuou. Ao perceber que se tratava de sátira política, teve medo. Não foi claro quanto a isso, naturalmente, mas me chamou e disse que havia se queimado a instalação elétrica do teatro. O eletricista só poderia consertá-la na segunda-feira, o que inviabilizava meu show. Aquilo foi um banho de água fria!

Eu não tinha nenhuma noção de como era um show de humor. Achava que tinha que ter música, mas eu só sabia cantar, não tocava violão. Então convidei uma amiga, a Maria Iris da Silveira, para me acompanhar ao violão. Eram marchinhas, sátiras políticas do tipo: "Como é bom, como é bom, o PT tá no Leblon" ou "Que legal, que legal, o PT tá no jornal". Coisas desse tipo.

Havia à época apenas dois candidatos a governador na Bahia: um pelo PDS, partido da ditadura, Clériston Andrade; e outro pelo PMDB, o partido de oposição, Roberto Santos. O show era sobre os dois candidatos gozando um do outro. Continha piadas, música, casos. Mas aí Eduardo Cabús, que para mim é uma pessoa de triste memória, tirou o doce da minha boca. A imprensa já noticiava o show para segunda-feira, eu já com o livro de ouro vendido... Só me restou ir ao Teatro Maria Bethânia, recém-inaugurado. Tinha 700 lugares e pertencia à Gilda Carvalho. Pedi a ela as segundas-feiras e ela prontamente aquiesceu, talvez como forma de pagar a "dívida" que tinha comigo, por tê-la ajudado a divulgar o seu teatro.

Minha psicanalista me alertou:

– Uma coisa é você botar 40 pessoas no teatro, outra é botar 700. Como você vai fazer isso?

Foi aí que Doia me ajudou mais uma vez. Ela fazia parte do movimento feminino pela anistia, que era presidido por dona Yolanda Pires, mulher de Waldir Pires. Fez um contato entre mim e o movimento e nós combinamos que este venderia os ingressos. Metade da renda seria para o movimento, metade para mim.

Foi um sucesso estrondoso. Por 5 ou 6 segundas-feiras, não me recordo bem, o teatro superlotou: 700 pessoas. Eu nunca tinha visto aquilo na minha vida. Fazia teatro na Bahia com 150, 200, 300 pessoas. Mas 700?!

Na miséria em que me encontrava, estava há anos sem cuidar dos dentes, não podia sorrir, tinha cáries. Contava a piada, mas não ria para o público, ficava com vergonha. Sequer eu tinha um par de sapatos, entrava com uma sapatilha de plástico pintado, imitando um tênis. Usava uma calça de veludo marrom da Levi`s e a camisa marrom que havia ganhado do exército, da cor da calça. Aquela era a única roupa boa que eu tinha para me apresentar num show de humor.

Calça marrom, camisa marrom: um cocô ambulante.

Entrei em cena, portanto, sem poder sorrir por causa dos dentes, todo de marrom. Mas deu tanto dinheiro que no dia seguinte fui a uma boutique e comprei umas camisas coloridas bonitas, caras, uma calça de linho branco, um tênis maravilhoso. Depois me dirigi à Baixa do Sapateiro, onde há dentistas populares. Eles cobram umas dez moedas para arrancar um dente. Falei ao que me atendeu:

– Quero que faça uma prótese.

– Não, vamos arrancar tudo, disse ele.

– Não, quero a prótese, para amanhã, eu pago o dobro.

Eles fizeram. Na segunda-feira seguinte apareci bem-vestido, riso aberto. Teatro novamente lotado, ganhei ainda mais dinheiro. Era a felicidade.

Apesar de tanto sucesso, depois de umas 5 ou 6 semanas a dona do teatro me chamou.

– Não está dando certo, vem muito jovem, muito estudante. Eles colam chiclete nas cadeiras, botam os pés em cima, estão destruindo a plateia. Eu vou lhe dar um final de semana e a gente encerra.

Naquele final de semana, superlotei a plateia e, em seguida, marquei uma temporada em outro teatro.

Só que então aconteceu uma tragédia. Um helicóptero com o candidato do governo caiu, o Clériston Andrade morreu faltando um mês para as eleições. Que fazer? O show era montado em cima de Clériston Andrade e Roberto Santos. Como falar de um candidato que morreu tragicamente?

Foi quando o Yan Michalski, crítico de teatro do Rio de Janeiro, publicou no jornal do Brasil que, diante das eleições de 1982, na qual pela primeira vez o povo ia votar, só havia um espetáculo em todo o Brasil que tocava no assunto político, que era o meu, em Salvador. Uma produtora do Rio de Janeiro, a Norma Dumar, se interessou pela matéria. Me telefonou e me convidou para me apresentar no Rio de Janeiro, no Teatro Rival.

Fui para o Rio levando a Lia Maria comigo, no violão, e adaptei o show para o contexto local, com Brizola e Moreira Franco em disputa pelo governo. Estreamos, ficamos um mês em cartaz no Teatro Rival; não ganhei dinheiro, mas também não perdi. O importante foi que isto marcou minha volta ao Rio de Janeiro, quando pude rever minha família, meus amigos, a noite carioca.

Voltamos para a Bahia e decidi fazer outro show de humor. Aproximava-se 1983 e eu já estava completamente recuperado da depressão causada pela vandrelização. Mas continuava fazendo psicanálise. Foi Maria Auxiliadora quem forçou a barra e me levou para a psicanálise, e a psicanálise me fez descobrir o humor. Através do humor, da sátira política, pude, de uma forma inocente, dizer a verdade, algo que faço até hoje. Brincando e dizendo a verdade, fui salvo e voltei a trabalhar.

Comecei a preparar em 1983 o novo show, que se chamaria "O Brasil tomou Doril". Foi um novo grande sucesso. Voltaremos a ele.

Agora vou falar de como ganhei a camisa marrom do exército, a camisa com a qual estreei.

Por sugestão de um colega, o Batalhão de Infantaria da região militar me chamou para declamar o poema da infantaria. Imagina, eu, comunista, em plena ditadura, dentro de um quartel militar. Guardo uma foto vestido de tenente camuflado. No episódio, a tropa toda caiu morta, levantou cruzes brancas, eu me levantei no meio deles e declamei o poema da infantaria, na frente do comandante da Sexta Região Militar, do governador Antônio Carlos Magalhães e do comandante do batalhão de caçadores. Depois começaram os festejos. Na minha depressão eu pensava, "Meu Deus, eles estão querendo me cooptar, o que que é isto?". Mas quando terminei meu ato o comandante me disse:

– Nós não temos dinheiro, o Exército não tem dinheiro, então nós, os oficiais, nos cotizamos e estamos lhe dando de presente esta camisa.

Confesso que achei bonito o gesto.

Cai o pano

A minha relação com Doia começa forte em 1979. Ela é uma mulher muito enérgica, exuberante, alegre, brilhante. Uma militante, uma mulher com participação social. Ela vinha de um primeiro casamento no qual teve três filhas. A mais nova tinha 2 anos de idade e a mais velha, 5. Três gracinhas de meninas.

Doia me encantou de saída. Viver com ela era uma festa, e ela era uma grande companheira. Foi com ela que a gente fez a Casa de Cultura, foi por ela que a gente fez o circo. Já eu estava muito fragilizado, como se sabe. Doia era uma economista de sucesso em Salvador e, diante da minha pobreza como ator baiano, era rica para mim. Tinha um carro com chofer, um apartamento, se vestia muito bem, enquanto eu era um pobre. Não sabia de onde vinha aquela dinheirama da Doia. Na paranoia em que vivia, comecei a imaginar que era traficante de cocaína. Como ter relação amorosa com uma pessoa se você está paranoico e não enxerga a pessoa direito? Você vê outra pessoa.

Na pobreza em que eu vivia, qualquer dinheiro era muito. Eu ficava pensando: de onde vem a grana dela? E com ela assim, a mil por hora? Só pode ser traficante de cocaína.

Paradoxalmente, a mulher decidida que ela era me atraiu profundamente, ao mesmo tempo em que me constrangia, porque, como homem, eu não conseguia ser o provedor que gostaria de ser.

Sou filho de árabes, habituado a uma relação familiar machista, na qual os homens são provedores das mulheres, cobrem-nas de joias. As mulheres mandam no lar, os homens mandam lá fora. Eu ainda tinha comigo esses valores, algo que Doia foi consertando pacientemente no decorrer da nossa relação.

Doia, numa palavra, era bravia. Mas, em 1981, dois anos depois do início da relação, os problemas se acumulavam, o circo e a Casa de Cultura estavam nos desgastando profundamente. Havia muito trabalho, muito aborrecimento, era gente que entrava, gente que abandonava o trabalho, o grupo. Tínhamos percalços de toda ordem, problemas de deslocamento do circo, divergências políticas dentro do partido em que militávamos, fazíamos parte do Comitê de Cultura do Partido Comunista na Bahia (aliás, o partido queria usar o circo para um trabalho partidário, mas eu via o circo como trabalho artístico, independente do PC).

Todas essas divergências, somadas à dificuldade de competir financeiramente, de conseguir ter potência junto a Doia, me fazia me sentir um menino na mão dela. Eu comprava uma violeta de presente para ela, e ela chegava com colar de prata para mim. Não conseguia competir com tamanha capacidade. Aquilo diminuía a minha potência masculina e, claro, com a paranoia, a relação foi se degringolando, até que a gente se separou, numa crise muito grande.

Embora já com 30 e poucos anos de idade, eu tardava em compreender o mundo. E ela havia saído de uma relação confusa, tinha se divorciado. Talvez nenhum dos dois estivesse preparado para uma relação amorosa longa. Com isso nos afastamos. Mas continuamos juntos no partido e na briga pelo circo.

Ela queria transformar o circo em um projeto educacional na periferia, de combate ao analfabetismo, segundo a proposta de Paulo Freire. E o meu projeto era um circo dedicado à arte. Brigávamos muito por isso. Eu colocava o circo em um bairro de Salvador, fazia uma apresentação, na segunda-feira ela ia lá e levava o circo para outro bairro, para tocar o projeto de educação.

Essa briga de circos na verdade acabava em briga conjugal. A Casa de Cultura perdeu completamente as condições de se manter, enquanto o circo se encontrava em plena decadência.

Tudo na rotina circense era muito difícil. Fomos fazer uma apresentação em um bairro de Salvador e moleques jogaram pedras em nós, porque queriam entrar de graça. Certa feita faltou luz..., mas aí há a improvisação popular, que é fantástica. Levantaram-se os panos e colocou-se um automóvel na plateia, com os faróis ligados. Que experiência fantástica de teatro, de arte cênica se adquire numa situação dessas!

Foi neste contexto de dificuldades múltiplas que nos encaminhamos para um rompimento final. Algo que aconteceu simultaneamente ao rompimento do partido, que rachou na Bahia nas eleições de 82. Doia saiu candidata a vereadora por uma das alas e eu, pela outra. Nenhum dos dois levou a candidatura até o final, desistimos quando vimos a loucura que era ser parlamentar ou fazer o jogo parlamentar. Não era para nós.

Em 1982 o circo acabou sendo sede da conferência nacional da Sociedade Brasileira de Progresso da Ciência – SBPC. Milhares de pessoas circularam dentro do circo durante dias. Nós o alugamos para a SBPC. Aquilo representou um final glorioso para um circo completamente decadente, difícil de ser mantido, tanto por mim quanto por ela, ou pela loucura ou pela incapacidade administrativa. Resolvemos então doar o circo para o palhaço Melão, cuja família já dominava a cena. Dissemos:

– Olha, senhor Melão, está entregue ao senhor. Não queremos nada, nem o senhor queira nada de nós, ficamos ela por elas. O circo é de presente.

Soube depois que ele não conseguiu administrar o negócio. Foi morar em Sabará, perto de Belo Horizonte, levou o circo para lá. Uma vez o visitamos, mas o circo estava encalhado, desmontado num terreno baldio da prefeitura de Sabará. Melão estava vivendo de outras coisas. O anãozinho, o seu Joãozinho, vi em Goiânia, fazendo programa infantil de televisão. Anos mais tarde encontrei o homem que havia sido o secretário geral do circo, o empresário, aquele que distribuía panfletos, que divulgava. Estava preso como ladrão de automóveis. Era um triste fim para um circo de tantas lutas.

O outro fim foi o da minha relação com Doia. Mas ainda mantivemos depois muitas relações políticas e sociais. Lancei o meu primeiro *stand-up*, o Me segura que eu vou dar um voto, com auxílio dela, que me permitiu apresentá-lo no quintal do Comitê Feminino pela anistia, testando o show e passando o chapéu para ganhar algum dinheiro. Graças a isso fui parar no Rio de Janeiro.

A viagem ao rio marcou o ponto final na relação com Doia que, eu tinha certeza, nunca mais se repetiria. Na verdade, os dois eram imaturos, sobretudo eu.

Sete anos depois, contudo, apesar desse interdito, retomamos os laços, que mantemos até hoje. A vida nos deu a oportunidade de reatarmos um amor que merecia ser vivido, que está sendo vivido.

Bemvindo pra presidente

Fiz então o outro show de humor a que dei o nome de "O dia em que o Brasil tomou Doril". Sátira política que estreei no Teatro Vila Velha, com muito sucesso. Bem, em 1982 houve a morte do Clériston Andrade, o candidato do Antônio Carlos Magalhães. ACM lançou então um candidato tampão, o João Durval, um fazendeiro bronco de Feira de Santana, no interior da Bahia. Naturalmente ele venceu a eleição. Acontece que no espetáculo eu entrava em cena e contava a seguinte piada (lembrando a vocês que o Palácio de Ondina é residência oficial de Antônio Carlos Magalhães):

– Diz que certo candidato a governador, quando viu que ia ganhar com quase um milhão de vantagem, chamou a mulher e disse: Mulher, te prepara que tu hoje vais dormir com o governador! E ela respondeu: como vai ser, Toninho vem aqui em casa ou eu tenho que ir em Ondina?

Isto gerava um estouro de gargalhadas.

João Durval, ao contrário de António Carlos, era um bronco do interior e não tinha nem o mesmo humor nem o mesmo trato com os artistas de Antônio Carlos. Não gostou da piada. Foi direto ao Ibrahim Abi-Ackel, que era o Ministro da Justiça, e exigiu que acionasse a censura federal de Brasília para proibir meu espetáculo. Iniciou-se uma briga gigantesca, porque a censura de Brasília resolveu proibir o espetáculo, que tinha sido liberado pela censura de Salvador. E a Polícia Federal de Salvador começou a brigar com a Polícia Federal de Brasília, perguntando desde quando a polícia federal recebia ordens de um governador. E eu no meio desta briga. Ainda peguei uma conjuntivite, perdido nesse tiroteio entre governador, ministro da justiça, Polícia Federal de Brasília e Polícia Federal da Bahia, sem conseguir enxergar nada.

Até que a chefe da Polícia Federal da Bahia me chamou.

– Deixa eles proibirem, você entra com recurso, volta a fazer o espetáculo dizendo que a peça foi proibida. Vai ganhar muito mais dinheiro!

Não era meu objetivo, queria fazer a minha peça, e não comprar uma briga gigantesca daquelas.

Recebi sérias ameaças de morte por parte dos asseclas do governador bronco. E a situação ficou feia para mim. Decidi então levar o espetáculo para o Rio de Janeiro. Peguei minhas malas e parti. Mas o medo de um atentado contra a minha vida era tamanho que não fui direto para o Rio, peguei um ônibus para Vitória da Conquista, que fica a meio caminho do Rio, como se fosse fazer um show lá. No outro dia peguei um ônibus para o Rio.

Estreei no teatro Princesa Isabel O dia que o Brasil tomou Doril. Sucesso estrondoso. Se no ano anterior, como o Me segura que eu vou dar um voto, empatei capital, apenas ganhei amigos e contatos, em 83 as coisas foram diferentes. As portas do teatro foram arrombadas pelo público, que queria ver o espetáculo de todo jeito. Ganhei uma página inteira do jornal o Globo, dizendo: "Surge um novo humorista, Bemvindo Sequeira".

O espetáculo foi um escândalo total e ganhei um bom dinheiro. Fiquei em cartaz por bastante tempo. Depois fui para São Paulo. Lá houve uma série de erros, como a escolha ruim do teatro, divulgação deficiente. O fato é que não tive bom público.

Voltei para a Bahia em 1984, porque o meu apartamento em frente ao mar de Amaralina continuava alugado. Mas não me adaptei mais, havia provado o sucesso, o gosto do sul, a Bahia já não me cabia mais. Eu tinha ficado maior do que a Bahia no sentido artístico, e não aguentava mais ficar lá. Percebia que o mercado do sul se abria para mim, tinha que ir.

Então resolvi morar no Rio de Janeiro ainda em 84. Mas mantendo um apartamento na Bahia, aquela coisa de não conseguir romper com as raízes. Depois de certo tempo eu tive que me desfazer do apartamento, porque as solicitações do sul eram cada vez maiores. Não era mais só o Rio de Janeiro, mas turnês pelo interior do estado de São Paulo, em São Paulo, pelo interior do estado do Rio, por Minas Gerais, pelo Brasil todo. Porque na verdade voltei para o Rio em 84 e montei o espetáculo "Oxente, gente, Bemvindo para presidente", quando vivíamos o auge das Diretas Já.

O governo militar correu as malas pretas e o Congresso rejeitou a emenda Dante De Oliveira, das Diretas Já. Fomos para o colégio eleitoral, em que concorreram Tancredo e Maluf. Aí sim, prevaleceu a vontade popular e Tancredo foi eleito, mesmo que indiretamente. Eu fiz Oxente, gente, Bemvindo para presidente no teatro Delfin, no Rio de Janeiro, um sucesso estrondoso que prosseguiu em 85. Então Tancredo Neves morre. Era o segundo protagonista dos meus espetáculos que morria enquanto os estou encenando. Com a morte de Tancredo o Oxente perdeu a razão de ser.

Segui morando no Rio de Janeiro, num apartamento muito bem situado no bairro do Humaitá, comendo e bebendo do bom e do melhor, e me recuperando de todo o trauma antigo ao conviver de novo com minha família, com os amigos, refazendo antigas amizades, fazendo contatos. Muitos contatos. Aí, como todo novo-rico, eu queria me mudar para a Barra da Tijuca, para onde fui em 1985.

Pausa para a filosofia

O interessante é chegar à velhice com sabedoria, com senso crítico. Vejo velhos que a alcançam sem qualquer reflexão mais profunda, reclamam o tempo inteiro, um horror.

Na primeira infância, mesmo aos 6, 7 anos de idade, a gente não percebe uma série de coisas. A minha mãe, por exemplo, acordava às 6 da manhã para fazer meu café, que eu tomava às 6h30, para ir para a aula às 7. Era como se aquele café caísse do céu. Se estava cansada, se era um sacrifício para ela acordar às 6, não era algo que me ocupasse a mente. Toda criança é um anjo, uma maravilha de pureza e ingenuidade. Mas é egocentrada, jamais vê o sacrifício do outro.

Mais tarde, na adolescência, com 18, 19 anos de idade, não percebia inúmeras frustrações que causei por ser obtuso, por não perceber as coisas. Com isso deixei de viver algo rico e que, por certo, traria muitas lembranças boas.

Houve um número grande de mulheres de meia-idade, só bem mais tarde eu fui perceber, que queriam, se esforçavam para transar comigo. Mães de amigos, conhecidas de outros tipos de relação, de quem não percebi a intenção por pura ingenuidade.

Se percebesse, claro que toparia, aquelas senhoras de 30, 40, 50 anos, incitadas pela natureza, querendo a minha juventude. Quanto teria ganhado em prazer e experiências, se tivesse conhecido o mundo secreto daquelas mulheres?

Mais tarde, já na fase já adulta, saindo da adolescência, fazendo teatro, me estabelecendo na profissão, eu já não estava preocupado com o coletivo, com o outro, queria fazer sucesso, roubar a cena de todo mundo, queria aplausos no final, o nome no jornal.

Desse período até uns 50 anos de idade – e entendo que é isso que acontece com praticamente todo mundo de uma maneira ou de outra – passei disputando desesperadamente um lugar dentro da profissão, da carreira. Isso é de um egoísmo, de um individualismo, de uma vaidade sem par, não há como negar. Por mais humilde que seja, ninguém trabalha sem ego, ninguém trabalha sem autoestima, *ninguém cria sem onipotência.*

E tudo isso cansa muito, porque é uma luta inglória, você fica completamente desesperado: Será que eu vou conseguir? Será que vai fazer sucesso? Eu fiz sucesso e acabou o sucesso, ai meu Deus do céu! Pensei que ia ficar um ano em cartaz e fiquei só quatro meses... É uma angústia, um desgaste gigantesco!

Por outro lado, é uma idade na qual a gente se repete sempre: Tenho que comprar um carro, tenho que andar bem-vestido, tenho que andar na moda para as minas me notarem, tenho que conquistar todo mundo, tenho que comprar apartamento, tenho que casar, tenho que me separar, tenho que ter filhos, tenho que sustentar os filhos... É um cansaço inominável, resultado de pura criação nossa, nada disso é efetivamente necessário.

Mesmo aos 50, 60 anos de idade a maioria de nós continua com fraquezas, indecisões, infantilidades, mas é quando você começa a perceber que o jogo da vida não é bem aquele que vem jogando até então. E aí você principia a se voltar mais para o outro. Observa os equívocos dos jovens e, se for sábio, vai entender que cometeu aqueles equívocos, que eles fazem parte da vida, do crescimento de cada ser humano.

Chegamos à velhice também sem conhecer toda a plenitude dela: O que é que eu posso curtir mais agora? Porque eu estou deixando de fazer isto e aquilo, já que o próximo passo é a morte? E na hora da morte você vai dizer: Eu fui otário na velhice, poderia ter feito mais isso, mais aquilo.

É por isso que eu perdi o filtro na velhice, me dou o direito de ser velho e de não ter que me desculpar por nada.

É uma coisa da qual não vou me arrepender na hora da morte: ser livre. Cheguei a um ponto em que posso ser livre de tudo. Embora tenha que ficar obedecendo a ordens médicas, ordens de filhos, ordens de mulher:

– Cuidado, não faça isso!

– Não coma doce!

– Não como gordura!

– Faça exercícios.

Tudo isso é muito chato.

Tanto faz se você vai morrer com 30 ou 100 anos, uma vez morto não vai lembrar nem como morreu. Então viva, seja feliz, faça tudo o que tiver de fazer. Infância, juventude, maturidade, velhice são ciclos muito iguais para todo mundo, aproveite. Chegue ao final da vida dizendo: Eu vivi! E não se lamuriando: Eu não vivi isso, eu não fiz aquilo. Eu não perdoei. Eu não trabalhei o suficiente. Eu podia ter feito mais. Queria ter vivido mais...

A vida é pra ser vivida e ser esgotada. A única coisa que justifica a vida é a morte, precisamos viver sem medo da morte, pois cada passo em direção à vida é um desafio à morte.

1985 / 1986

Ano de 1985 transcorreu sem grandes novidades na minha criação artística. Eu já havia feito vários sucessos no Rio de Janeiro com shows de humor, tinha um bom público não só na cidade como no estado do Rio, em Salvador e no interior da Bahia.

Assim, dediquei o ano a fazer shows. Ganhava um bom dinheiro, morando na barra da Tijuca, solteiro, separado de Doia. Levava uma vida muito livre. Precisava de dinheiro? Fazia show, ganhava uma boa quantia e vivia dois, três meses sem fazer nada. A Barra da Tijuca daquele tempo era muito deserta, muito tranquila. Minha vida era feita de piscina, praia, sol, passeios. Fora as viagens pelo Brasil. Eu viajava com espetáculos de humor a Salvador, Friburgo, Petrópolis, Teresópolis, interior da Bahia.

Passava os dias embalado naquele sucesso. Mas então, em 1986, por palpite de amigos, resolvi melhorar a qualidade do meu show de humor. Fazer cenário, figurino, criar mais personagens. Foi quando montei o espetáculo "Ri melhor quem ri bem-vindo", com cenografia e figurino do Jhaiel Mattos. Ele fez um trabalho maravilhoso, do qual gostei muito. Estreei num café-restaurante-bar, chamado Viro da Ipiranga, em Laranjeiras, no Rio de Janeiro. Um lugar pequeno, para 100 pessoas, mas ótimo para testar o espetáculo.

O show mantinha a sátira da política. Falava do Sarney caçando boi no pasto. Caí pesado em cima do Sarney. Mas como sempre com erro de cálculos. Quando a gente está na vanguarda às vezes dá um passo à frente do que a sua plateia ou seus seguidores esperam. Naquele tempo todo mundo apoiava Sarney. Eu o desancava, porque já enxergava a porcaria que era seu governo. Com isso, não fiz sucesso na primeira apresentação. Alguns personagens não recebiam empatia do público. Havia um caboclo que eu fazia, que dava consultas à plateia. Não colou. O texto por si só era confuso. O fato é que não funcionou.

Fiquei muito decepcionado, acontecer aquilo justo na primeira vez em que faço um show bem elaborado. Um espetáculo com cenografia, figurino, trilha musical, não dar certo? Os outros eu escrevia em cima da perna, na coxa, montava de um jeito tosco, e o público adorava. Com o tempo entendi: existe uma coisa que é a obra de arte inspirada e outra que é a obra de arte técnica. Ri melhor quem ri bem-vindo não era uma obra de arte inspirada. Os shows anteriores não foram planejados, por isso eram espontâneos. E isso impactava o público.

Aconteceu o mesmo com os meus vídeos anos mais tarde. Quando comecei a fazer meu canal no Youtube os vídeos eram toscos, e faziam muito sucesso. Toda vez que eu queria elaborá-los melhor, não faziam tanto. O que interessa é o seu conteúdo, não o formato, os floreios.

Bem, naquela época resolvi fazer uma reforma em Ri melhor quem ri bem-vindo. Tirei alguns personagens, alguns cenários, mantive o texto, mas com readequações, e mantive o título. Estreei em outros teatros do Rio de Janeiro e aí o espetáculo começou a pegar. Embalou mesmo em 1987, quando eu o liberei de todas as gorduras. Ficou ágil, rápido. Fiz a estreia em Salvador, onde fiquei muito tempo em cartaz. Depois veio Belo Horizonte, São Paulo... Esse espetáculo ainda durou diversos anos. Toda vez que aparecia uma brecha, eu o colocava em cartaz.

Em 1987 completei 40 anos de idade. Estava bem estabelecido na Barra da Tijuca, com carro, conta bancária, enfim, uma vida organizada. A depressão e a repressão já iam longe, a democracia se estabelecera no Brasil, eu havia amadurecido. Foi quando passei a me aborrecer da galinhagem e comecei a pensar em se casar. Mas precisava da mulher certa.

Arranjei uma namorada em Itabira, Minas Gerais. Não era a mulher dos meus sonhos. Arrumei outra, em Salvador: também não era a mulher dos meus sonhos. Surgiu outra em São Paulo, que tampouco me atingiu. E fui procurando uma parceira definitiva, de mulher em mulher.

Sou filho de árabe, do tipo que quando quer casar procura mulher. Acho que, na verdade, quando quer casar a mulher procura um homem, o que não tem nada de machismo.

Até que, conversando com a minha psicóloga da época, disse:

– Eu quero me casar, mas não estou encontrando a mulher ideal.

Ela pensou e disse:

– Não tem alguma em vista? Alguém que você queira?

– Tem, mas quem existe, quem pode ser, foi a mulher de quem eu me separei há sete anos. Ela está casada com outro...

Cá entre nós, a Doia não é sopa, é muito fogosa, sozinha ela não fica. Acho que se eu morrer hoje, em seguida, mesmo com 80 anos de idade, ela vai arranjar um pé de chinelo para ela.

Mas quando eu falei que Doia já estava casada com outro, a psicóloga disse:

– Quem sabe o casamento dela não está no fim?

Isso fez acender uma luzinha verde na minha cabeça. Mas o tema merece outro livro.

pólen soft 80 gr/m2
tipologia garamond
impresso na primavera de 2021